差がつく **練習法**

野球 勝てる投手になるドリル

著 **堀井哲也** JR東日本野球部監督

INTRODUCTION

はじめに

ピッチャーは一番練習する努力家であれ。進んだり戻ったりしながら上達しよう！

ピッチャーはチームで一番、運動能力が高くなければいけません。

ピッチャーはチームで一番、野球がうまい選手がやるべきです。

ピッチャーはチームで一番、野球を知っていなければなりません。

だからこそ、ピッチャーはチームで一番、練習する努力家でなくては務まらないのです。

ピッチャーを目指すなら、まずはその覚悟が必要です。

ピッチャーの練習はメニューが多く、複雑で、もっとも時間を費やします。そのうえ、すべての野手のポジションについて守備練習を行い、野手全員の動きを知り、気持ちをわかることも大切です。

また、DH制でバッターボックスに立つことがなくても、フリーバッティングやケースバッティングではバッターとしてピッチャーと勝負し、ベースランニングにも野手たちと同じように積極的に参加し、バッターやランナーの動きを体で確かめ、彼らが試合中、何を考えているかを理解するように努めましょう。グラウンドの中で起きること、行われることは、ピッチャーならすべて把握しておくべきです。

誰でも、やればすぐにうまくなれる練習などありません。練習とは、積み重ねです。毎日コツコツ行い、階段を一段一段昇っていくように、目標に向かって地道に努力していくことによって、少しずつうまくなっていくものです。

でも、ときにはつまずくこともあります。昨日できたことができないこともあります。何日もかけて、やっと固まったピッチングフォームがほんの小さなことをきっかけに乱れ、大きく崩れることだってあります。いくら一生懸命練習していても、いつも順調に、右肩上がりで成長していけるわけではないのです。

そんなとき、「基本に戻れ！」と言われるでしょう。しかし、「何が基本だかわからない」、「どこに戻ったらいいんだろうか」と悩む選手が多いのではないでしょうか。

本書では、ピッチャーとしてやるべき一般的な練習だけでなく、ほかのチームではあまり行われていない、JR東日本野球部オリジナルの練習方法を紹介しています。

それらの練習について「なぜ必要なのか？」、「どんな選手がやるべきなのか？」など意識してほしいことを丁寧に説明しました。また、練習の順番、段階を考え、検討して掲載しています。

できなかったら、ひとつ前の練習に戻ってください。それでもうまくいかなければ、さらにもう一段階戻って練習してください。段階を踏むということは、段階を戻れるということ。それができる構成になっています。そして、前へ進んだり、後ろに戻ったりを繰り返しながら、上達してください。

あなたがどれだけがんばっているか、どんなに辛い練習でも手を抜かずに努力しているか、監督やコーチはもちろん、チームメイトも見ています。必ず、あなたの一挙手一投足を確認しています。

そのうえで、監督やコーチがあなたを信頼して「コイツなら、この試合を任せられる」というピッチャーになってください。野手たちが、「コイツのためなら、全力でオレが守ってやる。オレが打ってやる」とがんばってくれるようなエース、チームリーダーになってください。

JR東日本野球部監督

堀井哲也

CONTENTS

目次

第3章 投手の守備練習

第4章 野手の守備・攻撃練習

第5章 ピッチング

第6章 実戦登板

第7章 トレーニング

第8章 ウォーミングアップ＆クールダウン

第9章 日常での練習

第10章 ほかのスポーツで鍛える

本書の使い方

本書では、写真や図、アイコンなどを用いて、一つひとつのメニューを具体的に、よりわかりやすく説明しています。写真や「やり方」を見るだけでもすぐに練習を始められますが、この練習はなぜ必要なのか？　どこに注意すればいいのかを理解して取り組むことで、より効果的なトレーニングにすることができます。普段の練習に取り入れて、上達に役立ててみてください。

▶ 身につく技能が一目瞭然

練習の難易度やかける時間、あるいはそこから得られる能力が一目でわかります。自分に適したメニューを見つけて練習に取り組んでみましょう。

▶ なぜこの練習が必要か？ 練習のポイントと注意点

この練習がなぜ必要なのか？　実戦にどう生きてくるのかを解説。また練習を行う際のポイントや注意点を示しています。

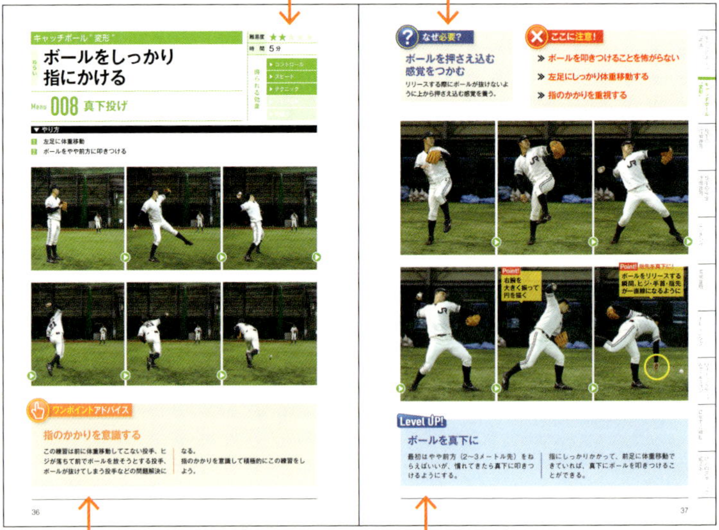

▶ ワンポイントアドバイス

掲載した練習法をより効果的に行うためのポイントの紹介です。

▶ Level UP!

より高いレベルの能力を身につけるためのポイントや練習法です。

そのほかのアイコンの見方

Extra　練習にまつわるエピソードやどんな場面で行うのが効果的かを紹介します

Arrange　掲載した練習法の形を変えたやり方の紹介です

第1章

キャッチボール“基本”

キャッチボールは野球の入口であり、すべての基本。
初心者でも競技経験を重ねたレベルの高い選手でも
毎回しっかり、それぞれ課題を持ってやりましょう。

ねらい

指がボールにしっかりかかっていることを確認する

難易度 ★★★☆☆
時間 15分

得られる効果
- コントロール
- スピード
- テクニック
- フィジカル
- 守備力

Menu 001 指にかける３段階ドリル

投手のキャッチボールは投球につなげることが目的となるため、段階を踏んでポイントをチェックしながら行っていく。最初のメニューは指にかけるドリル。これも３段階に分けてチェックしていく

共通ポイント！

» ウォーミングアップ後、キャッチボールの投げ出しから行う

» 第１段階⇒第2段階⇒第3段階と順番にやっていく

» 各段階の球数の目安、制限はない

» それぞれの段階でボールに指が100パーセントかかっていることが確認できたら、次の段階へ

» 体の使い方が悪いと、指がボールにかからなくなる

» 少しでも指がボールにかかっていないと感じたら、前段階に戻る

ワンポイントアドバイス

段階を踏むことが大事！

このドリルは体の使うところを制限しながら段階を踏んで行うのがポイント。第一段階は指先の使い方を意識。下半身は使わずに指先の使い方が 100 パーセントできたら次の段階に進む。第二段階は右投手でいえば三塁けん制の動き。上下を連動させて、ここでもしっかり指にかかっていれば、今度は回転運動を入れていく。このように段階を踏みながらやっていけば、指にかかっていないと思ったら、前の段階に戻って確認することができる。すべて指にかかっているかどうかをチェックしながらやっていこう。

第1段階

ポイント

下半身を固定して、腕の付け根から指先まで意識して投げる

まずは下半身を固定して腰から上だけで投げるキャッチボールからスタート。全身を使うよりも指先に意識がいきやすいのがポイント

第2段階

ポイント

正面を向いた状態から一歩踏み出して

第２段階の目的は手と足を連動させること。そして手とリリースを合わせること

第3段階

ポイント

セットポジション（横向き）の姿勢から体のねじりを利用して

第３段階では腕の旋回を意識して体全体をひねって投げよう

第1段階 相手の正面を向いて投げる

▼ やり方

1 相手と 10 メートルほどの距離をとる
2 両足を肩幅ぐらいに広げ、相手に向かって正面に立つ
3 反動を使わず、上半身をひねらずに投げる
4 投球のすべての基本であるテイクバックからリリースまでをしっかり意識する

下半身を使わないので距離は10メートル程度でOK

Point!
ボールを指にかけ弾くイメージで投げる

Point!
ボールをリリースした後も腕は同じ位置

ポイント

相手と正対したままで

相手に正対したまま（腰のラインを相手に真っすぐ向けたまま）の状態を保って投げる

ポイント ヒジは下げない

ヒジは真っすぐ伸ばしたまま腕の伸びた位置でボールを弾くように
リリースする。投げ終わった後も下げないようにする

ここに注意!

反動を使って投げる

体をひねり、旋回した反動を使って投げるのはNG。
この練習は腰から上だけを使って投げること

第2段階 一歩踏み出して投げる

▼やり方

1 第1段階よりも相手との距離を広げる
2 右足を軸に重心を残し、左足を前へ踏み込む
3 地面についた左足に重心を移動させ、ボールをリリースする

第1段階よりも距離を広げて投げる

ワンポイントアドバイス

大事なのは手足の連動

この練習で大事なのは踏み出す左足とリリースする右手の連動。左足のステップと右手がボールをリリースする動きがスムーズに連動しているかどうか確認しながら投げる。強いボールを投げることが目的ではないので体の反動を使う必要はない。

ポイント

カカトから頭まで一直線

頭、腰、右足のヒザ、右足のカカトが一直線になり、１本の軸が通っているように

指にかける3段階ドリル

第3段階 横向きの状態から投げる

▼やり方

1. 相手との距離をさらに広げ、ピッチングに近い距離をとる
2. セットポジションのように、左肩を相手に向け、横向きになる
3. 体のねじりを使って投げる

実際のピッチングに近い距離をとって投げる

ポイント

ボールは弾く

大きく振りかぶっても、ボールを弾くイメージを忘れない

ポイント

体を旋回する

左手を大きく振り、体が旋回して生まれる力を高める

ポイント 頭の後ろで一瞬、ボールを隠す!

振りかぶったときにボールを頭の後ろへ隠し、正面に立っているバッターからは見えにくくする。キャッチボールからこうした動作を心がけよう

ここに注意!

体が早く開く

振りかぶって旋回している途中、右手が下がり、上半身が早く開くと、投球モーションの早い段階から打者にボールが見えてしまう

キャッチボール“基本”

ねらい

投球の際の体重移動を学び、試合でテンポよく投球する

難易度	★★★★★
時　間	20分（キャッチボール中すべて）

得られる効果

- ▶ コントロール
- ▶ スピード
- ▶ テクニック
- ▶ フィジカル
- ▶ 守備力

Menu 002 リズムスロー

▼ やり方

1. ボールをキャッチすると同時に左足を引く
2. 振りかぶる
3. 軸足（右足）に体重を乗せ、左足を前にステップ
4. 左足に体重移動して投げる

Point!
左足を引いて捕球
Point!
軸足に体重を乗せる
Point!
左足に体重移動

ここに注意!

体が早く開く

- 一連の投球動作を"1(捕球)・2(軸足重心)・3(リリース)・4(構え)"のリズムでテンポよく投げる
- 1球1球すべて同じテンポで投げる

Level UP!

一定時間内の球数をドンドン増やしていく

お互いに投球動作にかける時間を短くしていき、普通にキャッチボールしていたら10球ずつ投げる時間内で20球ずつ投げるようにしていく。体重移動をリズムよく行うのがこの練習の目的なので、試合でテンポよく投げられるように意識して時間内に投げられる球数を増やすようにしよう。

ワンポイントアドバイス

捕ると同時に重心移動

リズムよく投げるためにはボールを捕球と同時に前足(右足)に体重を乗せて投げるようにする。捕ると同時に一歩目が始まって、二歩目で軸足重心、三歩目でリリース、投げ終わって四歩目で構える。常に四歩のリズムで投げるようにする。

ねらい

右腕で大きな円を描いて投げると同時に、肩を強くする

Menu 003 遠投

難易度 ★★★☆☆
時間 5分

得られる効果
- コントロール
- スピード
- テクニック
- フィジカル
- 守備力

▼やり方

1. 60メートル以上距離をとる
2. 通常のピッチングより目線を上げる
3. 右腕で大きな円を描くように思いきり回して投げる

ポイント 目線より上に投げる

遠投は目線より上の軌道をイメージして強いボールを投げる

ワンポイントアドバイス

体全体を使って投げる

上半身だけでなく、股関節から下半身にかけても大きく使って、回転のいい強いボールを投げる。60 メートル以上の距離になると方向性が正しくないと回転のいいボールがいかないので、力を出す方向を知るためにも遠投の練習はいい。コントロールを重視しすぎると、フォームが小さくなるので注意。

Point!
突っ込まない
Point!
体重が乗る

Level UP!

試合前、遠投で相手をビビらせろ!

遠投の定義はお互いの距離が60メートル以上離れていること。でも試合のときは、さらに距離を広げ、回転のいい強いボールを相手に見せつけよう。遠投ですごいボールを投げていると、対戦相手も脅威に感じるはずだ。

難易度	★★★☆☆
時間	5分

得られる効果
- ▶ コントロール
- ▶ スピード
- ▶ テクニック
- ▶ フィジカル
- ▶ 守備力

ねらい

よりピッチングに近いキャッチボールで仕上げ、ブルペンに入る準備をする

Menu 004 30メートルピッチング

▼ やり方

1. 30メートル離れる
2. ノーワインドアップで強いストレートを投げる
3. 数球投げたら、次にワインドアップで強いストレートを投げる

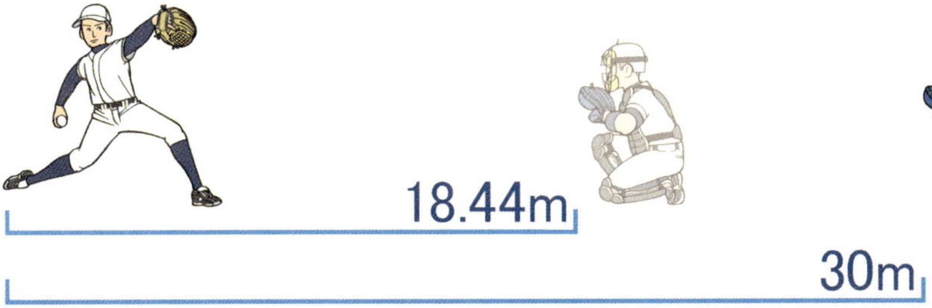

Level UP!

変化球はブルペンではなく、30メートルピッチングで覚える

遠投とは異なり、投手本来の“下へ”強いストレートを投げた後は、相手を捕手のように座らせて変化球を投げる。変化球のリリースポイントを確認するとともに、曲がり方のイメージをつかもう。ブルペンより距離があるので、軌道がわかりやすい。
また、新しい変化球を習得したいときは、遊び感覚で投げてみるといいだろう。大事なことは、自分には投げられないと決めつけず、試してみて、合っていると思えば覚えていくこと。
そんなとき、ブルペンでは球数、練習時間が限られているので、30メートルピッチングを有効に使いたい。

5

6

遠投とは違い
目線は下げる
7

8

SEKIYA
21
9

平行ボールを
力強く投げる
21
10

グラウンドのさまざまな距離を覚えて、練習に役立てよう！

野球選手ならピッチャーズプレートからホームベースまでの距離、塁間の距離などグラウンド内のさまざまな距離を数字で知り、体で覚えていなければならないが、それらをキャッチボールやランニングの際にも利用しよう。

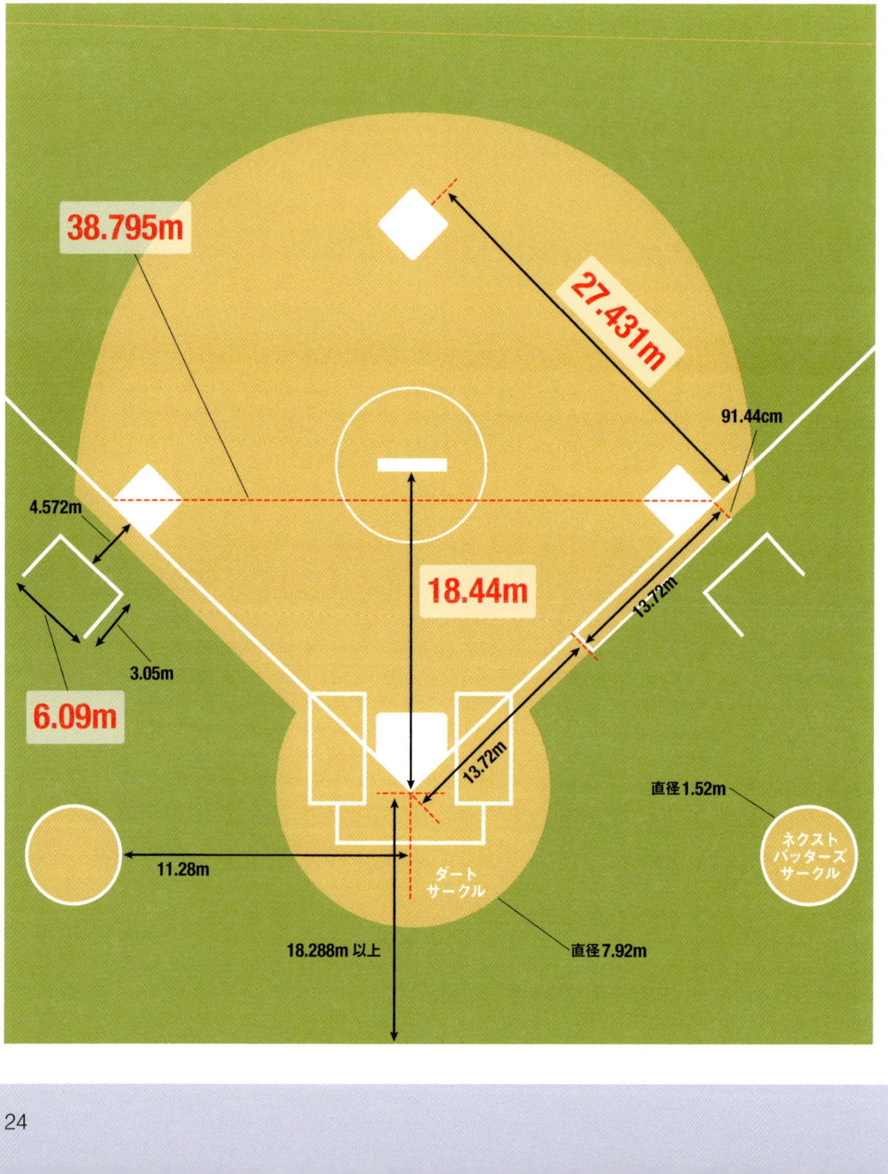

練習で役立つ距離の目安

[キャッチボール]

- ピッチング ―― プレートからホームベースまで 18.44 m
- キャッチボール ―― 塁間 27.431 m
- やや長いキャッチボール ―― 一塁ベースから三塁ベースまで 38.795 m
- 長いキャッチボール ―― ホームベースから内野・外野の切れ目まで約 50 m
- 遠投 ―― ホームベースからレフト・ライトの定位置まで約 80 m
- さらに長い遠投 ―― ホームベースからセンターの定位置まで約 100 m

キャッチボールを始める前に、ベースの位置を目安にして、およその距離を確認しよう

[ランニング]

- 短距離走 ―― 塁間 27.431 m
- 中距離走 ―― レフトポールからライトポールまで約 180 m（往復約 360 m×数セット）
- シャトルラン（切り返し走） ― コーチスボックスの横幅 6.09 m

いろいろな距離を走ってみよう

ねらい

守備練習メインのキャッチボールで スナップスローとステップワークを習得

Menu 005 クイックスロー

難易度 ★★★☆☆

時間 5分

得られる効果

- コントロール
- スピード
- テクニック
- フィジカル
- 守備力

▼やり方

1 20メートル離れる
2 キャッチしたら、できるだけ早く投げ返す
3 動きのスピードをあげていき、リズムスローよりさらに早く行う

Point!
ボールをキャッチする前に次に投げることをイメージし、準備しておく
Point!
止まらずに一連の流れで！

ポイント カットの距離をイメージ

クイックスローの距離は20メートル。これはカットプレーの距離をイメージしている。捕球したら素早く投げ返す

Point!
右ヒジを柔らかく使い、
早く、正確に投げる

ポイント

ヒジから先を柔らかく使う

スナップスローは手首だけでなく、ヒジから先の動きが大切。柔らかく使えるようにしよう

ワンポイントアドバイス

守備も大事

投球以外は、すべて送球。投手といえども、一塁・二塁・三塁・本塁の4方向すべてに送球する可能性がある。普段の練習から守備での送球を意識しておくことも大事。

Arrange

ステップワーク、投げる方向のバリエーションを増やす

2人だけのキャッチボールでは、正面から来たボールを捕って、また正面に戻すだけになってしまう。3人、さらには4人一組となって、より複雑なステップワーク、多方向への送球を練習しよう。

[3人一組]

▼ やり方

1 3人が一列に並ぶ
2 端に立つ選手から真ん中の選手へボールを投げ、真ん中の選手はそれを受けたらターンして逆側の選手に投げる
3 逆側の選手はボールを受けたら、真ん中の選手へ投げ返す
4 2を繰り返す
5 立ち位置を交代する

ポイント 前後の切り返しを意識

真ん中に位置した選手は捕球したら素早く体を切り返して後方に送球する。この動きはランナー一塁でピッチャーゴロを捕球したときの二塁送球と同じなので、試合でも必ず役に立つ

[4人一組]

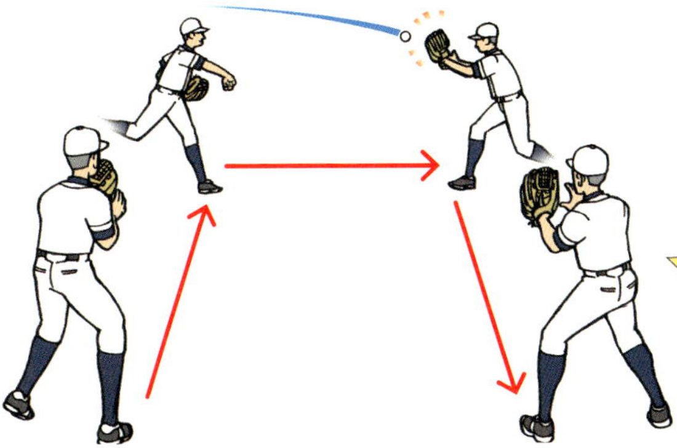

▼ やり方

1. ４人が正方形のそれぞれ頂点に立つ
2. 順番にボールを回していく
3. 逆回りで行う

四角形にボールを回す。
逆回りも同様に！

Level UP!

時間、回数を計って競争する

４人組を２チーム以上つくって、10秒で何回できるか、あるいは10回を何秒でできるか計測し、競争する。遊び感覚でレベルをあげていこう！

Level UP!

右回り、左回り、両方行う

４人でのボール回しは、右回りをやったら必ず反対の左回りもやること。投手の場合、捕球から左への送球は一塁、右への送球は三塁となる。試合ではどちらに投げることもあるので体の切り返し、ステップワークをマスターしておこう。

? なぜ必要？

投手も9人目の野手だから

ボールを投げた後は投手も野手として守備をしなければならない。
こうしたキャッチボールでステップワークや野手としての動きを身につけよう。

× ここに注意！

» 自分始動のピッチングとは違って、相手の動きに合わせる

» 全員が同じリズムを保つ

» ムダな動きを省き、柔軟なステップワークを覚える

キャッチボール"基本"

ねらい

実戦であわてないように、走りながら、勢いを使う押し出し投げを練習しておく

Menu 006 ランダウンスロー

難易度	★★★☆☆
時間	5分

得られる効果
- コントロール
- スピード
- ▶ テクニック
- フィジカル
- ▶ 守備力

▼ やり方

1 ボールをキャッチしたら、走って相手に近づいていく

2 勢いを使って、ボールを押し出すように投げる

Point!
必ず相手に
近づいていく
Point!
しっかり
ステップして投げる
Point!
相手にボールを
"渡してあげる"イメージで

ポイント 実際の挟殺をイメージ

ランニングしながらのキャッチボールではあるが、実際の挟殺プレーを意識して行う。そのためには離れたところから投げずに受け手に近づいていって投げたり、ジャンピングスローではなくしっかりステップして投げたり、ランナーがいるイメージを持って行うようにしよう

ワンポイントアドバイス

普段は使わない“押し出し投げ”

ランダウンプレーは相手を追いかけながら投げるため、強いボールを投げる必要はない。そこで右ヒジを支点として、ボールを相手に向かって押し出すように投げる“押し出し投げ”を使う。

Arrange

投手陣を2グループに分けて練習しよう

２人一組の場合、相手に近づいた後に、戻らなければならないので、次の投球までに時間がかかる。

選手を数人集めて２グループに分け、左右に配置。相手に近づいてランダウンスローした選手は反対側の後ろにつき、ボールをキャッチした先頭の選手が離れている反対側の選手に近づいてランダウンスローするように繰り返していけば、効率的に練習できる。

ピッチャーの練習メニュー①鍛錬期

試合シーズンと鍛錬期とではピッチャーの練習メニューは当然異なる。
ここではJR東日本で鍛錬期に行っている練習メニューを紹介する。

■ 目的

①体力強化
②新しい技術の獲得(フォーム、球種)
③課題克服

■ 科目

①投球
②守備など投球以外の練習
③チームプレー
④ランニング
⑤体力強化
(ウエイトトレーニング、自体重トレーニング)
⑥コンディショニング
(インナー、ストレッチ、クールダウン)

■ 練習メニュー

①ウォーミングアップ(30分)
体力強化の要素を含むメニュー

②キャッチボール(20分)
遠投中心に投げる力をつける

③守備練習(30分)
捕球、送球、バント処理、けん制、ベースカバー、バックアップなど試合に必要な要素を反復練習

④チームプレー(30分)
投内連係、ランダウンプレー、セカンドベースへのけん制、重盗防止など、野手との連係を必要とする練習

⑤ピッチング(20~30分)
ストレートを中心に指にかかったボールをコースに投げ分ける。段階を追って変化球、ランナーを想定してのクイック、左右それぞれの打者を想定してのカウントピッチング。投球数は多い日で200球程度は投げ込みたい(完投するとなれば、9回×15球=135球に試合前ピッチングとイニング間投球練習を合わせ合計約200球になる)

⑥ランニング(30～60分)
鍛練期は計2～4㎞のランニング
(200m×10本+2㎞走、あるいは400m×5本+100m×10本+1㎞走など。タイムや休憩時間も設定して質を上げる)

⑦トレーニング(60~90分)
体幹、下半身を中心に、強化する部位を変えて週に3～4回行う

⑧インナーマッスルトレーニング(20分)
肩のコンディションを維持するため、毎日丁寧に行う

⑨ストレッチ(10～20分)
鍛えながら体の柔軟性の向上を目指す

⑩クールダウン(10～15分)
有酸素運動で一汗かいて疲労物質をためない

第2章

キャッチボール“変形”

正しいフォームが身についていないピッチャーが
欠点を矯正するため、個別、目的別に行う
通常のキャッチボールとは違った
特殊なやり方を紹介。

キャッチボール“変形”

ねらい

上半身が突っ込むフォームの改善

難易度	★★★★☆
時　間	5分

得られる効果
- ▶ コントロール
- ▶ スピード
- ▶ テクニック
- ▶ フィジカル

Menu 007 真上投げ

▼やり方

1 右足を引き、しっかり体重を乗せる
2 真上を見上げ、腕を振り上げて投げる

ワンポイントアドバイス

真上に投げる

フライのキャッチ練習などでボールを上に高く投げることもあると思うが、この練習は相手に向かって上ではなく、自分の真上に投げることが大事。
しっかり軸足に重心を乗せて下半身の力を腕に伝えよう。

なぜ必要?

上半身が突っ込むフォームの改善

軸足に重心を乗せて下半身の力を腕に伝えるように真上に投げることで、ボールをリリースする際に上半身が突っ込む投球フォームを改善する。

ここに注意!

- **頭を右ヒザの上に残す**
- **腕をテイクバックしたら、軸足(右足)に体重を乗せる**

左ヒザが流れて体が開く

軸足に体重が乗っていないため、左ヒザが流れて体が開いている。これだと両足の踏ん張りがなく、下半身の力が上半身に伝わらないので、高く真上に投げることはできない

Level UP!

目標を設定して投げる

レベルアップするためには目標を持って取り組んだほうがいい。たとえば頭上30メートルと目標を設定して、どう体重移動をすれば高く上がるかなどを考えながら投げる。ただし、やみくもに高く投げようとして肩を壊さないように注意!

キャッチボール“変形”

ねらい

ボールをしっかり指にかける

難易度 ★★

時間 5分

得られる効果

- ▶ コントロール
- ▶ スピード
- ▶ テクニック

Menu 008 真下投げ

▼ やり方

1. 左足に体重移動
2. ボールをやや前方に叩きつける

ワンポイントアドバイス

指のかかりを意識する

この練習は前に体重移動してこない投手、ヒジが落ちて前でボールを放そうとする投手、ボールが抜けてしまう投手などの問題解決になる。

指のかかりを意識して積極的にこの練習をしよう。

? なぜ必要?

ボールを押さえ込む感覚をつかむ

リリースする際にボールが抜けないように上から押さえ込む感覚を養う。

✕ ここに注意!

» ボールを叩きつけることを怖がらない

» 左足にしっかり体重移動する

» 指のかかりを重視する

Point!
右腕を大きく振って円を描く
Point! 指先を真下に!
ボールをリリースする瞬間、ヒジ・手首・指先が一直線になるように

Level UP!

ボールを真下に

最初はやや前方（2～3メートル先）をねらえばいいが、慣れてきたら真下に叩きつけるようにする。

指にしっかりかかって、前足に体重移動できていれば、真下にボールを叩きつけることができる。

キャッチボール“変形”

ねらい

体の開きを防止する

Menu 009 両手投げ

難易度	★★★★☆
時　間	5分

得られる効果

- ▶ コントロール
- ▶ テクニック

▼ やり方

投げる手とグラブの手を同時に動かすようにして、ボールをリリースする直前まで両手を離さずに投げる

▲この瞬間まで、がまんして左手を右手に添えておく

なぜ必要？

グラブ側の手の使い方を覚える

早く胸を張ってしまう投球フォームを直し、グラブをはめた左手の使い方を覚える。

ここに注意！

» できるだけ両手を離さない

» 体を開かず、一気に旋回してボールをリリースする

左手がすぐに離れる

早い段階で左手が右手から離れ、両手投げになっていないので、早くから体が開き、旋回しても加速しない。打者からボールが見やすくなってしまう

ワンポイントアドバイス

力を入れるのはボールをリリースする瞬間だけ

強いボールを投げたいと思うあまりに力み、ずっと力を入れようとするのでなく、体を旋回してボールをリリースする瞬間に力を入れれば、速く、キレのいいボールは投げられる。

ジャストインサイドとは⁉

グラブを体の内側におき、できるだけ胸を張らない状態

キャッチボール“変形”

ねらい

背筋を使って投げることを意識する

難易度	★★★★☆
時間	5分

得られる効果
- ▶ コントロール
- ▶ スピード
- ▶ テクニック
- ▶ フィジカル
- ▶ 守備力

Menu 010 T字投げ

▼ やり方

投げ終わった瞬間、右肩・腰・右ヒザ・右足の爪先を一直線（T字）に保つ

なぜ必要？

手投げにならない

体がかぶってこない投手に背筋をしっかり使って投げさせる。体が倒れないまま前で放そうとすると手投げになってしまうので、投げ終わりのバランスに注意する。

ここに注意！

» 背筋を使うことを意識する

» T字になった瞬間の感覚を覚えておく

突っ立った状態で投げている

上半身がかぶってこず、ボールに力が伝わっていない

ワンポイントアドバイス

肩の故障を防止する投げ方を覚える

片方だけで6キロほどある腕の動きを肩だけで止め続けていると炎症を起こしてしまうので、背筋で受け止めるようにして肩の故障を防止しよう。

キャッチボール"変形"

ねらい

ムダな力を入れないで投げる

難易度	★★★☆☆
時間	3分

得られる効果
- ▶ コントロール
- ▶ スピード
- ▶ テクニック
- ▶ フィジカル
- ▶ 守備力

Menu 011 回し投げ

▼ やり方

1. 右腕を前方に突き出す
2. 右腕を引き、しっかり回す
3. ボールが頭の後ろにきたところで間をつくる
4. ボールを回転させることを意識して投げる

Point!
リリースする瞬間、ボールを押さえ込む

なぜ必要？

ボールが見えにくい投げ方を覚える

ボールの回転を止めずに加速して投げるようにすると同時に、打者からボールが見えにくい投げ方を覚える。

ここに注意！

» 常にボールの回転を意識する

» ボールが頭の後ろで隠れることを確認する

ワンポイントアドバイス

右腕の動きが直線的にならないように

テイクバックからリリースまでムダな力を入れず、右腕の動きが直線的にならないように注意し、ボールをよく回す。右腕が止まらず、よく回るようになれば8割ぐらいの力で投げても、ボールがよく回転し、8割以上のキレが出てくる。

ピッチャーの練習メニュー②試合期

試合期の練習で大事なのは試合のときに力を発揮できる状態をつくること。
ここでは試合期のピッチャーの練習メニューを紹介する。

■ 目的

①コンディショニング
（良い状態で登板するために）
②試合で明らかになった課題の修正
③体力維持（強化する意識で）

■ 科目

①投球
②守備など投球以外の練習
③ランニング
④コンディショニング
⑤体力維持
⑥チームプレー（確認）

■ 練習メニュー

①ウォーミングアップ(20分)
野球を100パーセントできる状態がつくれれば終了(全力ダッシュ)

②キャッチボール(10～15分)
遠投ではなく低いボールで、40～60mをリズムよく投げる

③守備練習(10～15分)
肩やヒジのコンディションに合わせて送球練習や捕球練習

④ピッチング(20分)
登板に合わせ30～100球を投げる。試合に近い条件を設定し、試合のためのブルペン投球にしていくことが大切(打者、走者、カウントを想定して球種、コースを投げ分ける)

⑤ランニング(20～40分)
1～2㎞の距離をランニングする。ポール間走や100m走など。試合前は体のキレを出すために塁間程度のショートダッシュを行う。 登板日や登板翌日は20～30分の有酸素ランニングを行って疲労回復に努める

⑥インナーマッスルトレーニング(20分)
試合期も毎日必ず丁寧に行う

⑦ストレッチ(10～15分)
柔軟性向上、疲労回復を促す目的で行う

⑧クールダウン(10～15分)
鍛練期と同じく有酸素運動で一汗かいて、疲労物質の分散に努める

＊以下の練習はタイミングを見て、メニューに加えていく

●トレーニング(30～45分)
体幹は毎日必須。各部位はコンディションに合わせて週に2～3回強化する

●チームプレー
試合で連係など課題が出たときには、試合期でも野手と合わせて練習する

第 3 章

投手の守備練習

“5 人目の内野手 ”、“9 人目の野手 ” と呼ばれる投手。
投げるだけでなく、しっかり守れなければ勝つことはできない。
守備は練習すれば、いくらでも磨くことができる。

投手の守備練習

ねらい

ピッチャーゴロの対処を身につける

難易度 ★★★★★

時 間 10分

得られる効果

▶ 守備力

Menu 012 対面ノック

▼ やり方

1 シャドーピッチングで投げ終わった姿勢で構える

2 ノッカーは投手が投げ終わったタイミングでゴロを打つ。投手はそれを処理する

[後ろから]

Point!
投げ終わったら
常にしっかり構える
クセをつける

Point!
シングルハンドキャッチ。
体はボールに対して正面
を向くが、体の中心ではな
く左右どちらか横で捕る

Point!
キャッチしたら
スローイングまで
しっかり行う

ポイント

マウンドの傾斜を常に頭に入れておく

投げ終わって構えているところはマウンドの傾斜。ボールの転がり方、跳ね方も平らなところとは微妙に違ってくることを体で覚えよう

なぜ必要？

速い打球を処理する

打者からもっとも短い距離にいる投手が、速い打球をグラブの反応で捕る練習。

ここに注意！

» 緩い打球は次のスローイングに備えて両手で捕る

» 速い打球はよけながら、片手（シングルハンド、逆シングル）で捕る

» 捕れないボールはグラブで叩き落とす

» 利き手を出さない

［正面から］

Level UP!

防具をつけて練習しよう

投手が対面ノックを受けるときには、捕手のマスクやプロテクター、レガースをつけてケガを防止するといい。とくに、ノッカーが打球のコントロールに自信がないときには必ずつける。利き手には剣道の籠手などをするといいが、なければ最低でも軍手ぐらいはつける。また、テニスボールで練習すれば、ケガのリスクが低いうえ、野球にはないスピードボールが打てるので反射神経を鍛えるには最適。

ねらい

バント処理をしっかりできるようにする

難易度	★★★☆☆
時間	10分

得られる効果

▶ 守備力

Menu 013 バント処理

★パターン1　三塁線のバントを処理⇒一塁へ送球

▼ やり方

1 シャドーピッチングで投げ終わったら、配球役はタイミングを見てボールを転がす。投手はそれを処理する

2 ボールに対して正面に入り、腰を落として捕球する

3 一塁へ送球する

▲投球のフィニッシュを待たず、ボールが転がる方向へ意識を持っていく。バントの構えをされたときはスタートが大事

Point!
あわてず、しっかり腰を落とす。緩いボールは両手で捕球が鉄則
Point!
一塁方向を向き、左足をステップして投げる

ワンポイントアドバイス

バント処理で一番大切なのはあわてないこと

バントには送りバント、セーフティーバント、スクイズバントがある。投手はいつバントされてもいいように心の準備をして、自分の投げたボールに対して転がってきそうなところを読んでおく。アウトカウント、ランナーも投球前に確認を忘れずに。

★パターン2　正面のバントを処理⇒二塁へ送球

▼やり方

1 投手がシャドーピッチングで投げ終わったら、配球役が緩いボールを正面に転がす
2 投手はマウンドから真っすぐダッシュしてボールの正面に入り、腰を落として捕球
3 素早くターンして、二塁を向き、左足を二塁方向にステップして投げる

二塁ベースに入る二塁手あるいは遊撃手のタイミングに合わせて投げる

ワンポイントアドバイス

捕手の指示に従え！

バントの打球を捕球したら、二塁へ投げて一塁ランナーをアウトにするか、一塁ランナーの進塁はあきらめて、一塁へ投げてバッターランナーを確実にアウトにする。どこに、どんなボールが転がってきたら二塁でランナーをアウトにできるか感覚としてつかんでおくことも重要だが、最後は捕手の指示をしっかり聞いて従うこと。

★パターン3　三塁線のバントを処理⇒三塁へ送球

▼ やり方

1. シャドーピッチングで投げ終わったら配球役は三塁線にボールを転がす
2. 投手はそれに反応して三塁線へダッシュ。ボールの正面に入り、腰を落として捕球
3. 素早くターンして、三塁を向き、三塁方向へ左足をステップして送球する

Point!
三塁へ向かって
素早くターン
Point!
三塁方向へしっかり
ステップして、手投
げにならないように

ワンポイントアドバイス

ファウルの判断に注意

一塁線、三塁線に転がったボールはファウルになる可能性がある。あわててボールを捕らず、フェアかファウルかきちんと判断しなければならないが、捕手や後方から球筋を見ている一塁手あるいは三塁手の指示に従おう。

★パターン4　正面のスクイズバントを処理⇒ホームへグラブトス

▼やり方

1. シャドーピッチングで投げ終わったら、配球役はボールを投手の正面に転がす
2. 投手は打球に合わせて回り込みながら、ホーム方向へダッシュ
3. 腰を落とさず、グラブの先で捕球。ダッシュの勢いを活かし、腕を振ってトスする

Point!
ガッチリ捕らず、グラブの先で挟む程度につかむ

Point!
ボールを浮かさず、低いボールでコントロールよく捕手に返す

Arrange

バント処理はあらゆるシーンを想定して練習

本書では4シーンを解説したが、ランナーなしのセーフティーバントからランナー一塁、一・二塁、一・三塁、二・三塁、満塁の場合などがあり、アウトをとる塁、アウトカウント、さらにはボールが転がってくる方向などさまざま。
常にあらゆるシーンに備えて練習しなければならない。

ねらい

ベースカバーの意識づけとカバーからの捕球を身につける

難易度 ★★★☆☆

時間 5分

得られる効果

▶ 守備力

Menu 014 ベースカバー

★一塁手からの送球を捕って一塁ベースを踏む

▼ やり方

1 ノッカーが一塁手に向けて打つ。投手は打球が飛んだ方向を確認

2 ボールが投げられてくる方向（打球を捕球して送球する野手の方向）に体を向けて、グラブを差し出しながら一塁ベースへ駆け込む

3 確実に捕球して一塁ベースを踏む

ポイント

一塁に駆け込むときはベースのマウンド寄りを踏む

野手からの送球を捕って一塁ベースを踏むときはランナーとの接触を避け、一塁ベースのマウンドに近い角を踏むこと（写真上）。一塁ベースについて野手からの送球を捕る場合には、一塁ベースの二塁側に足をつける（写真下）

★一塁ベースについて野手からの送球を捕る

▼ やり方

1. ノッカーが一二塁間に向けて打つ。投手はマウンドから打球が飛んだ方向を確認
2. 一塁ベースへダッシュしてベースカバーに入る
3. ボールが飛んでくる方向（送球する野手の方向）に向け、グラブを差し出す
4. できるだけ体を伸ばして捕球する

ワンポイントアドバイス

ほかのランナーから目を離すな

ノーアウト、ワンアウトでほかにランナーがいる場合は、バッターランナーをアウトにしても気を抜かず、すぐにほかのランナーを見て、いつでも投げられる構えをする。

Arrange

タッチプレーの練習も

ベースカバーはフォースプレーだけとは限らない。本塁のベースカバーも投手の重要な仕事。タッチプレーになることが多いので、ランナーをつけるなどしてしっかり練習しておこう。

難易度	★★★☆☆
時　間	10分

得られる効果
▶ 守備力

ねらい

バックアップの動きを覚える

Menu 015 バックアップ

なぜ必要？

味方のエラーをカバーする

送球や捕球にミスがあった場合でも敵がさらに進塁することを防ぐため。

ここに注意！

» 打たれた後、すぐに気持ちを切りかえてバックアップに入る
» 自分の左方向に打球が飛んだら、反射的にスタートを切る習慣をつける
» 打球が内野を抜けるか抜けないか決めつけない
» タイミングをつかむ
» バックアップの役目を果たせる距離（塁について捕球する味方との距離）は近すぎず、遠すぎず

ポイント　ベースカバー優先

まずはベースカバーに入ることを考えて実行し、その後、遅れてもいいからバックアップに入るのが鉄則

ワンポイントアドバイス

バックアップでどこに立つか

打球を処理して送球する野手、ベースについてそれを捕球しようとする野手。
二人の延長線上に立ってカバーする

Arrange

すべての打球に対して、全員が動く。

[ランナーなしで打球が外野を抜けた場合]

投手はバッターランナーが三塁をねらったときに備え、三塁ベースをバックアップ

[ランナー一塁でヒットを打たれた場合]

ランナーは三塁をねらってくるので、ピッチャーは三塁ベースをバックアップ。
ライト前ヒットの場合はレフトもバックアップに来るので、重ならないようにする

[ランナー二塁でヒットを打たれた場合]

投手は迷わず本塁のバックアップへ。
送球がそれたら、カバーした投手がバッターランナーの進塁を防がなければならない

[ランナー一塁で長打を打たれた場合]※下の図参照

投手は打球を確認し、まず三塁と本塁の間のファウルエリアへ出る。
この位置で外野手からの返球が三塁か本塁か判断し、それぞれのバックアップへ。
外野手が三塁へ返球した場合でも返球がそれたりしたら、すぐに対応して本塁をバックアップする

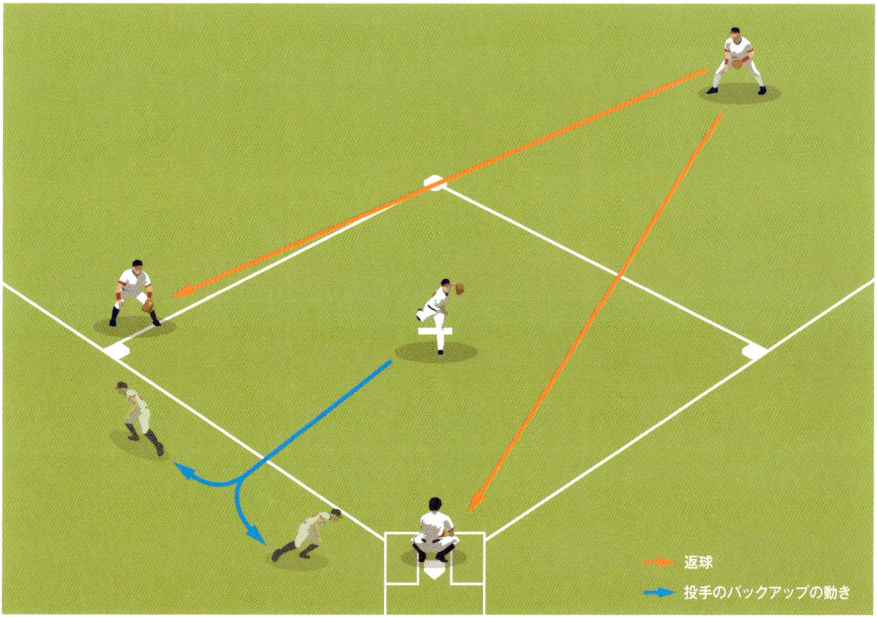

難易度 ★★★★

時　間 15分

ねらい

挟殺プレーで確実にアウトにする

得られる効果

▶ テクニック

▶ 守備力

Menu 016 ランダウンプレー

★ピッチャーゴロで二塁ランナーが飛び出した場合

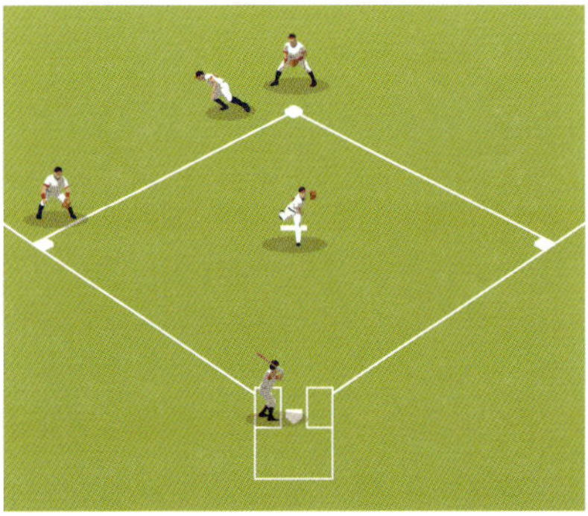

▼ やり方

1 ランナーを二塁に配置し、二塁手、三塁手を配置

2 シャドーピッチングで投げ終わったら、配球者が投手にピッチャーゴロのような打球をノック（またはスロー）

3 投手はそれをしっかり捕球して、飛び出したランナーに向かって2、3歩近づき間合いを詰める。

4 ランナーが動いた方向に投げてランダウンプレーに参加。アウトにする

SEKIYA
21

Point!
捕球後は止まらずにランナーに向かって走り出す

なぜ必要？

» 野手との連係を高める

» 守備時の体の切り返しを身につける

ここに注意！

» 打球を処理したら、すぐにランナーを見る

» 止まっているとランナーが余裕を持ってしまうので、すぐに全力で走って近づく

» ランダウンプレーでは走りながら、勢いを使ってボールを押し出して投げるランダウンスロー

ワンポイントアドバイス

投手は方向転換してランダウンプレーに参加

ランダウンプレーでは野手は正面を向いてプレーすることになる。
だが、投手は走っていき、ほぼ直角に方向を変えてランダウンプレーに参加することになるので慣れておくことが大切。しっかり練習しておこう。

Arrange

けん制から ランダウンプレーへ

ここではピッチャーゴロを捕球してからのランダウンプレーを紹介したが、ランナー一塁でも二塁でも三塁でも、投手のけん制に誘い出されてランダウンプレーになることがある。けん制の練習の最後にランダウンプレーを組み入れるといいだろう。

難易度	★★★★
時　間	10分

得られる効果
▶ テクニック
▶ 守備力

ねらい

けん制の技術をマスターする

Menu 017 けん制

★一塁へのけん制

▼ やり方

1 セットポジションで静止
2 一塁方向へ向かって素早く反転
3 一塁方向へ左足を踏み出す
4 一塁手がタッチしやすいように低めに投げる

SEKIYA
21

SEKIYA
21
Point!
肩は動かさない

Point!
右足はプレートにつけたまま

Level UP!

プレートを外して偽投する

一塁へ偽投（投げるマネ）する場合、右足をプレートから二塁方向へ外さなくてはならない。一度プレートを外せば、けん制してもしなくてもＯＫ。右足をプレートから外す前に両手を離すとボークとなるので注意しよう。

二塁へは一塁と違って、そのまま偽投できる。

★二塁へのけん制

▼やり方

1. セットポジションで静止
2. 右足を軸に左回りに回転して二塁方向を向く
3. 二塁方向へ左足を踏み出す
4. セカンドベース上に投げる

Point!
サインプレーでベースに入る選手、タイミングを確認する
SEKIYA 21
Point!
ベースカバーに入る選手ではなくベース上に投げる

Arrange

右回りに回転して二塁へけん制

二塁へのけん制には、打者に向かって投げるのと同様に左足を上げてそのまま右回りに回転して投げる方法や、一度プレートを外してから投げる方法もある。

★三塁へのけん制

▼ やり方

1 左足を真っすぐ上げる
2 左足をサードベースに向けて真っすぐ踏み出す
3 落ち着いて正確に投げる

Point!
ランナーのリードをうかがいながら
けん制のタイミングをはかる
Point!
上げた左足が内側に入ったり
外側に開いたりしないように
SEKIYA
21

ワンポイントアドバイス

左足は真っすぐ上げて、真っすぐ踏み出す

上げた左足がブレたり、踏み出しが斜めになるとボークとなり、
三塁ランナーを生還させることになるので注意しよう。

Extra

けん制はランナーをアウトにするためだけにあらず

ランナーが出塁したとき、それぞれのベースに投げる「けん制」。ランナーをアウトにすることができればもっとも理想的だが、目的はほかにもある。
まずは、アウトにできないまでも、ランナーをベースに釘付けにし、リードを短くさせることによって、次の打者に打たれた場合でもできるだけ進塁を食い止める。また、盗塁をしかけてくるのか、バントやスクイズをねらっているのかなど、相手チームの作戦を探ることもけん制の重要な目的だ。

Extra

ボークになるプレー

次のような動作、プレーはボークとなり、無条件ですべてのランナーに進塁権をひとつ与えてしまうことになる。
ボークをとられるとピンチがさらに広がり、同時に投手自身だけでなく味方の選手たちにとって大きな精神的ダメージとなってしまうので、投手としては細心の注意が必要だ。

1 セットポジションで1回しっかり静止せずに投球動作に入るとボーク

2 セットポジションで左右の肩が動いてしまうとボーク

3 投球動作を途中で止めたり、違う動きをするとボーク

4 プレートを踏まずに投げるとボーク

5 プレートに触れたままで一塁へけん制するとボーク

6 バッターに対して正対せずに投球するとボーク

7 プレートに触れた状態でボールを落とすとボーク

8 プレートに触れた状態で自由な足を送球方向へ踏み出さないとボーク

コラム 1

ブルペンエースになるな！

野球で投球練習場のことを「ブルペン」と言う。

もともとの英語 bullpen は“牛を囲う場所”を意味するが、それが野球で今のような意味になったのには諸説あると言われ、「闘牛場や屠殺場に送られるのを囲いの中で待っている牛をピッチャーに見立てた」という説が有力だ。

このブルペンでは素晴らしいスピードボール、キレのある変化球を抜群のコントロールで投げるのに、いざ試合に出場してマウンドに立つと、からっきしダメなピッチャーのことを「ブルペンエース」と呼んでいる。

試合となると、当然打ち気満々の打者が目の前にいる。スタンドには大勢の観客もいる。

それらを意識してあがってしまい、「打たれたらどうしよう？」、「自分のせいでチームが負けたら……」などと考え、腕が縮こまってしまう投手はメンタルから鍛え直さなければならない。

でも、それだけではない。練習方法にも大きな問題がある。

キャッチボール、ブルペンでのピッチング練習、試合でのピッチングが段階を踏んでおらず、つながっていないのだ。

投手ならば、キャッチボールのときは次にブルペンで投げることを意識して、ピッチングフォームやボールのかかり具合などをチェックしてブルペンでの練習に備える。そして、ブルペンでは常に試合を想定して投げる。

逆に、気持ちの面では、試合のときにはブルペンで投げているようにリラックスして。ブルペンではキャッチボールのように気をラクにして投げる。

さらに、ブルペンと公式試合の間に練習試合やオープン戦を入れていけば、技術的にもいろいろ試すことができ、気持ちの準備もしっかりできるはずだ。

第4章

野手の守備・攻撃練習

野手が行う守備練習や攻撃練習に参加して
ピッチングにも役立つ体の使い方を覚えるとともに
野手の立場になって、その心理、考え方を学ぼう。

難易度	★★★☆☆
時 間	10分

ねらい

バッティングの基本から バッター心理を知る

得られる効果

- ▶ コントロール
- ▶ スピード
- ▶ テクニック
- ▶ フィジカル
- ▶ 守備力

Menu 018 ペッパーゲーム

▼ やり方

1 マウンドより少し手前から軽くボールを投げて、それを打者に打ち返してもらって捕球する

2 今度は逆の立場になって軽く投げてもらったボールを正確に打ち返す

ワンポイントアドバイス

リズムよく行う！

投手は捕球したらすぐに投げること。
フットワークよく、軽快にボールをキャッチするよう心がけよう。

Point!
プレートからホームベースまでの
距離（18.44m）より短い距離でOK
SEKIYA
21

なぜ必要？

バットコントロール、ミートポイントを覚える

バッティングの基本を学び、打者の心理に迫る。

ここに注意！

- 投手はボールを投げたら、すぐ守備体勢をとる
- 打者が打ちやすいボールを投げる
- 打者は投手の正面へワンバウンドで軽く打ち返す
- 投手は捕球したらすぐに投げ、リズムよく“ラリー”する

Arrange

守備の人数を増やして、バットコントロールを高める

２人一組から３人一組、４人一組と人数を増やしていき、正面のピッチャーだけでなく、その左右で守っている人にも順番に打ち返すようにしていく。打つ方向を増やすことによってバットコントロールを高められる。

Point!
投げたら、
すぐ守備体勢

Point!
捕ったら、
すぐに投げる

難易度	★★★★☆
時　間	10分

ねらい

体の使い方を学び野手の気持ちを知る

Menu 019 ボール回し

得られる効果

- ▶ コントロール
- ▶ スピード
- ▶ テクニック
- ▶ フィジカル
- ▶ 守備力

▼ やり方

1. ４人組になってそれぞれ内野のいずれかのベースにつく
2. 本塁から一塁→二塁→三塁→本塁とボールを回す
3. 逆回りでもボールを回す

ワンポイントアドバイス

自分始動のピッチングとの違いを学べ

野球という競技は投手がボールを投げて始まるスポーツ。
投手は何事も“自分始動”になりがちだが、相手のプレーに合わせること、バランスを崩した状態からでもベストのプレーをすることを学ぶチャンスだ。

なぜ必要？

内野手の体の使い方を覚える

捕球の際に体勢を崩しても、ベストのボールを投げるための体の使い方、
バランスを学ぶとともに、野手の気持ち、捕りやすかったりタッチしやすいポイントを知る。

ここに注意！

» どんな体勢からもテンポよく送球する

» 相手が捕りやすいところ、ランナーにタッチしやすいところへ投げる

» 内野のすべてのポジションにつく

Arrange

逆回り、対角線でも行う

最初は塁間で左回りに行い、次にボールを反対方向に回す。体の切り返しは両方必要なので、必ず右回りも左回りもやるようにしよう。さらに、一塁から三塁、あるいは二塁から本塁など対角線でのボール回しも取り入れていこう。

ねらい

捕球、送球の技術向上

難易度 ★★★★☆

時間 20分

得られる効果
- ▶ コントロール
- ▶ スピード
- ▶ テクニック
- ▶ フィジカル
- ▶ 守備力

Menu 020 内野ノック

▼ やり方

内野の守備についてノックを受ける。ボールを捕球したら一塁へ送球する

Point!
腰を落とし、
体の前で確実にさばく

なぜ必要？

フィールディング、スローイングを上達させる

内野手に交じってノックを受け、捕球の際のステップ、グラブさばき、スローイング、スナップスローなどを学ぶとともに、投手としては使っていない筋肉を鍛え、フットワークをよくする。また、投手をバックで支えてくれる野手の気持ちを体験する。

ここに注意！

- 無理して両手で捕球しようとして、利き手をケガしないこと
- 送球までしっかり行う
- 内野手の動きを近くでよく観察する

Arrange

内野すべてのポジションでノックを受ける

決まったポジションだけでなく、すべてのポジションについて練習しよう。また、送球方向も一塁だけでなく、二塁、三塁、本塁へも送球し、内野手のあらゆるプレーを体験する。ピッチャーゴロを捕球したときはランナーとアウトカウントによって、さまざまな方向に送球することになるので、こうしたノックで体の切り返しとスローイングを身につけておこう。

ショートを守り、セカンドへ送球する

ワンポイントアドバイス

投手の守備は自らを救う

ピッチャーゴロやバント処理がうまいことは、一流投手の条件でもある。守備によってピンチの拡大を防ぐこともできるので、しっかり練習しておこう。

難易度	★★★★☆
時　間	10分

ねらい

外野手の気持ちを知る。全力投球を身につける

得られる効果
- コントロール
- スピード
- テクニック
- フィジカル
- 守備力

Menu 021 外野ノック

▼やり方

1. 外野の守備位置につきノックを打ってもらう
2. ゴロ（またはフライ）を捕球して勢いよくバックホームする

Point!
ボールから目を離さずに前進する
Point!
腰を落としてキャッチ
Point!
動きを止めず、勢いをつけて投球体勢に入る
Point!
大きくステップして遠投

なぜ必要？

外野手のバックホームを学び、大きな動きでの全力投球を身につける

前進してボールを捕り、勢いをつけてバックホーム。その一連の動きはピッチングの基本に通じる。外野のポジションから改めて野球の動き、流れを見ると、違った発見もあり、外野手の気持ちもわかってくるだろう。

ここに注意！

- ボールから目を離さずに前進する
- ダイナミックな動きで全力投球
- 打球がどう飛んでくるか、キレていくかを見極める
- ボールが右中間、左中間に飛んできたら、しっかり声を掛け合う

ワンポイントアドバイス

外野ノックは下半身の強化に最適

前後左右にフライ、ゴロをノックしてもらい、そのボールを必死に追いかければ、下半身が鍛えられる。外野は守備範囲が広いため、通常のダッシュ以上の効果も期待できる。

難易度 ★★★☆☆

時間 15分

得られる効果
- コントロール
- **スピード**
- **テクニック**
- **フィジカル**
- 守備力

ねらい

腰の回転をよくする

Menu 022 ティーバッティング

▼ やり方

1. 斜め前方からトスを上げる
2. ネットに向かって、力強く打つ
3. 休まずにトスを上げてもらい、連続してリズムよく打つ

なぜ必要?

投球フォームで重要な体の回転をよくする

トスされたボールを全力で振り抜いて打ち続けることによって、腰を強く回転させるためには体をどう使えばいいか、自らの体に覚え込ませる。同時に、全身の筋力をアップさせ、上半身と下半身をバランスよく鍛えることができる。

ここに注意!

» 全力でバットを振り抜く

» バットの芯でしっかりミートする

» 速く、強いスイングを心がける

Extra

ティーバッティングとは?

グラウンドに立てた棒の上についた小さな皿にボールを乗せて打つ練習を「ティーバッティング」ということもあるが、日本ではいまそうした練習はほとんど行われなくなっている。現在はここで紹介したように、パートナーにボールをトスしてもらって打つ練習法を「ティーバッティング」と呼ぶのが一般的だ。

Arrange

左右で打つ!

ティーバッティングはバッティング練習として行うなら、投げ手の位置、アウトコースかインコースか、打球の方向などを変えていくといい。だが、投手が体のひねり、回転力を強化するために行うなら、左右両方でティーバッティングしよう。左右バランスよく鍛えることが大事だ。

難易度	★★★★☆
時　間	15分

得られる効果
- コントロール
- スピード
- **テクニック**
- フィジカル
- 守備力

ねらい
打者の心理を学ぶ

Menu 023 フリーバッティング

▼ やり方

バッティングピッチャーにボールを投げてもらい、それを打つ。
また、自らがバッティングピッチャーとなり、打者に投げる

ワンポイントアドバイス

ねらいを持って打席に入る

投手だから投げられればいいという考えではダメ。打者の気持ちを知るためにも相手投手の配球を考えたり、打ちたい方向を考えたりと、ねらいを持って打席に立つようにしよう。

なぜ必要?

打者の心理、ねらいを自ら経験して学ぶ

どういうフォームの投手が打ちやすいのか、打ちにくいのか。ピッチングの間合いは？　あるいは、打者はどういう状況で何をねらっているのか？　配球をどう読んでくるのか？　などなど、自ら打席に立ってフリーバッティングを行えば、打者についてさまざまなことが体験でき、わかってくる。

ここに注意!

» 何も考えず、漠然とバッターボックスに立たない

» 打ちたい打球の方向、質をハッキリ意識する

» ボールカウント、アウトカウント、ランナーなどを設定する

» 理想のバッティングフォームを追求する

» バッティングマシンではなく、投手が投げる生きた球を打つ

» デッドボール、自打球に注意する

Level UP!

バッティングピッチャーも試合を意識

打者の立場から、投手と打者の駆け引きを学ぶ機会なので、バッティングピッチャーにも簡単に打たせず、本気で打ち取るつもりで投げてもらうといい。
アウトカウント、ボールカウント、ランナーなど試合を想定して行う。

野手の守備・攻撃練習

ねらい

走塁の技術を覚える

難易度	★★★★☆
時　間	15分

得られる効果
- ▶コントロール
- ▶スピード
- ▶テクニック
- ▶フィジカル
- ▶守備力

Menu 024 ベースランニング

▼やり方

打者としてヒットを打ったとき、あるいはランナーとしてヒットが出たときなど、状況を設定してベースランニングをする

? なぜ必要?

ベースを回る際の体の使い方を学ぶ

スピードを落とさずにベースを回るには、体をどう使えばいいかを覚える。同時に、ランナーの考え方や気持ちを知り、体力づくりにも役立てる。

× ここに注意!

- » タイムを計測し、チーム内で競い合う
- » 記録更新のためにどう走ればいいか工夫する
- » 「よ～い、ドン!」でホームベースをスタートして1周するだけでなく、状況を設定してスタートする塁、目指す塁を決めて走る

ベースの回り方をCheck!

[二塁打のときのベースの回り方]

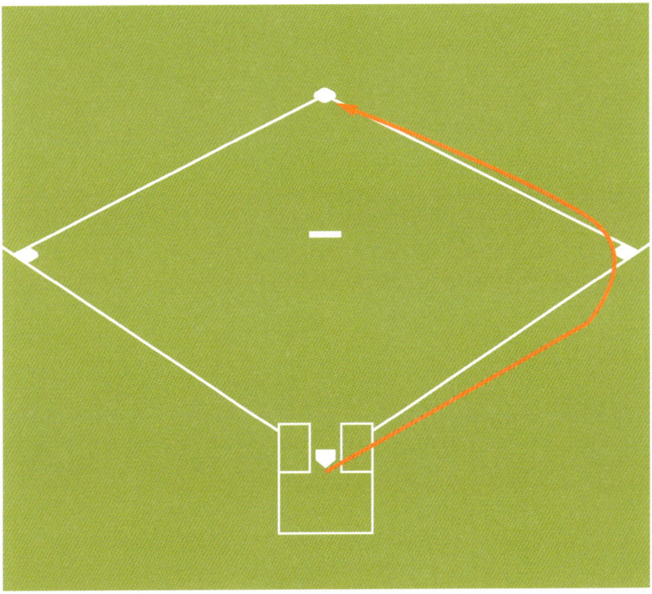

一塁ベースを踏む前、直線ではなく膨らんで走り、一塁ベースを踏んだ後は直線的に二塁に向かう。一塁まで真っすぐに走ると二塁へ直線的に向かえず、セカンドベースカバーに入った選手のタッチを避けられない。

[三塁打のときのベースの回り方]

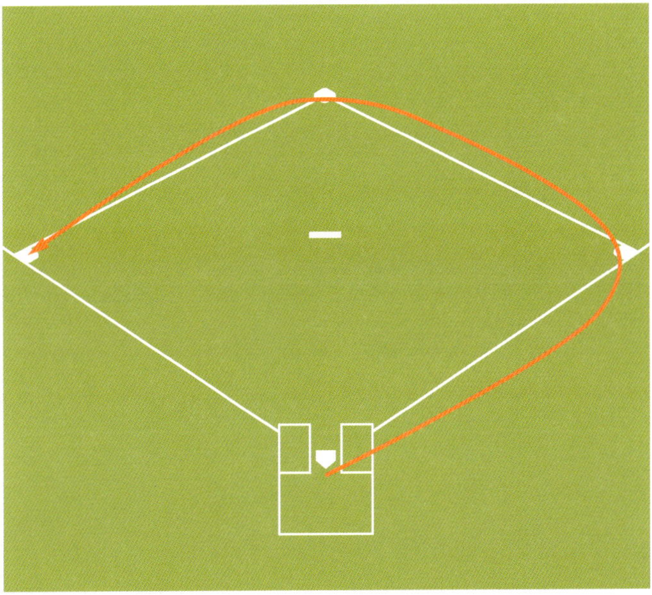

ライトオーバーやライト線あるいは右中間を抜けて三塁打のチャンスとなれば、一塁を回るときと同じく直線ではなく膨らんで二塁を回り、直線的に三塁へ向かう。一塁を回った後は打球が背中方向となるため、その前に打球方向や勢い、あるいは野手の守備位置などを把握して三塁をねらう。また、自分で確認しきれない場合は三塁コーチの指示に従って進塁する。

[二塁から本塁へ生還するときのベースの回り方]

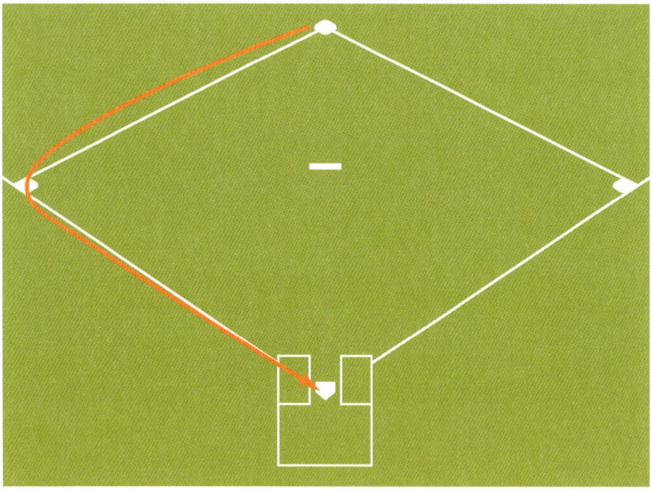

三塁を回る前に膨らんでおき、三塁から本塁へは直線的に走る。本塁突入に際しては三塁コーチをよく見て指示に従い、本塁でスライディングするかどうかは次打者の指示に従う。

ポイント　ベースランニングの基本～ベースの踏み方

[一塁ベースを駆け抜けるときの踏み方]

バッターランナーはスリーフットラインを走り、ベースを駆け抜ける際には、ベースの手前を踏むのが基本。二塁ベース寄りは一塁手が踏むため、踏まないようにする。また、ベースの奥を踏むと転倒しやすかったり、カカトを痛めたりするので注意しよう

[ベースを回るときの踏み方]

ベースを回る際には、どこの塁でもベースの内側の角を踏むのが基本。体が内側に傾き、スムーズに次の塁に進むことができる。ベース上で足を滑らせ、転倒することがあるので、ベースの中心は踏まないこと。体を内側に傾けるためには左足で踏むのが理想だが、無理して足を合わせ、スピードが落ちるぐらいなら右足で踏んでもOK

Level UP!

試合形式の練習でランナーとなる

ランナーが試合中に何を、どう考えているかを投手として知るためには、試合形式の練習で実際にランナー役を務め、リードや進塁を経験するのが一番。

Extra

スパイクとランニングシューズ

スパイクには大きく分けて、「金属製スパイク」と「スタッド式スパイク」がある。

金属製スパイクはソール（靴底）に金属製の先が鋭い刃が９本あるいは８本、６本などついていて、地面をしっかりとらえることができる。

一方、スタッド式スパイクはソールにプラスチック製やゴム製の刃のような突起があり、足への突き上げが少なく、疲れにくいというのが特徴。

最近では足への負担を軽減しようとスタッド式スパイクを使用する選手も増えており、人工芝のグラウンドでは攻撃のときは金属製スパイクでも守備のときはスタッド式スパイクに履き替えるという選手も少なくない。

しかし、投手は守備のときでもマウンドでしっかり地面をとらえ、下半身を安定させて投げなければならないので、常に金属製スパイク。金属製スパイクを履いて投げたり、走ったりすることが当然であり、金属製スパイクでも足腰を痛めないように鍛えておかなければならないというわけだ。

グラウンドの外を走るときは軽くて走りやすく、足や腰を痛めにくいランニングシューズでも、一歩グラウンドに入ったらピッチングだけでなく、ランニングでも常に金属製スパイク。それが鉄則だ。「走る練習だから、ランニングシューズでいいじゃない」は通用しない。

ところが、実際には練習中、スパイクを履いて走る時間は限られている。投手もベースランニングには積極的に参加しよう。そして、ランニングが足りなければ、全体練習の前後に外野のポールからポールをひたすら、黙々と走れ！

コラム 2

練習後はすみやかに食事！

スタミナ食といえば、いまも昔もうなぎにステーキ。でも、そんなものばかり食べていてもスタミナはつかず、かえって逆効果だ。確かに、うなぎには体にいい糖質、タンパク質、ビタミンＡやＢ群が含まれており、牛肉にもタンパク質が多く含まれる。

だが、大切なのはバランス！目標は炭水化物約60パーセント、脂質約20パーセント、タンパク質約20パーセント。主食としてご飯やパン、うどん、そばなどをきちんと食べ、主菜は肉、魚、卵、大豆などをバリエーション豊富にバランスよく。健康維持に必要な野菜の摂取量１日350グラムは生だけでは難しいので、加熱した煮物やおひたしなどでも。乳製品やイモ類、海藻類、果物も欠かさないように。

投手にとって大事な登板前日は消化に時間がかかる肉などは控えたい。炭水化物を中心とした食事「カーボ・ローディング」がおすすめ。そして、当日は試合開始２～３時間前までにおにぎりやそば、果物などで済ませたいが、何を何時間前までに食べると調子がいいかは人それぞれ。いろいろ試して、自分に最適な食事法を見つけておこう。

また大切なのは、練習後できるだけすみやかに炭水化物、タンパク質、ビタミンＣを摂ることだ。目安は30分以内。疲労回復度が違ってくる。

試合中も小マメな水分補給が必要だが、水だけでなく、糖分を吸収しやすく、すぐエネルギーになるようなスポーツドリンクなども口にするといいだろう。

第5章

ピッチング

まずは、ブルペンに入ってピッチング練習する際にやるべきことを確認。
次に、課題のあるピッチャーがそれを克服するための特殊な練習方法や、
より実戦に近いクイック、バントに備えての練習を紹介する。

ねらい

キャッチボールのいい感覚をマウンドにつなげる

Menu 025 立ち投げ

難易度 ★★★☆☆

時間 1～2分

得られる効果

- コントロール
- スピード
- テクニック
- フィジカル
- 守備力

▼やり方

1. 捕手は立って構える
2. 投手はストライクゾーンより高いところに投げる

ワンポイントアドバイス

ボールの勢いを確認

この練習は平地でのキャッチボールから傾斜のあるマウンドに移行するときの慣らしのようなもの。あえて高いボールを投げることでキャッチボールのいい感覚を確認する。ここで勢いのあるボールを投げられなければ、捕手が座ったときにはもっとボールの勢いはなくなってしまう。指のかかりやボールの勢いをしっかり確認しておこう。

なぜ必要？

キャッチボールの仕上げ

キャッチボールのいい感覚を忘れずに、ブルペンのマウンドで投げる準備をする。

ここに注意！

» マウンドの傾斜、ホームまでの18.44メートルへ体を慣らす

» 指のボールへのかかりを確認し、勢いのあるボールを投げる

» コントロールを意識する

» より実戦に近いピッチングでその日の調子のバロメーターを計る

Arrange

捕手は片ヒザでもOK

捕手が立っているとピッチングの感覚に近づかないようなら、片ヒザをついて構えてもらってもいい。ただし、このときも通常のストライクよりやや高めに投げること。ボールの勢いがとにかく大事だ。

Level UP!

5～10球で仕上げる

高校生の練習を見ていると、立ち投げが多くて実戦の練習時間が減ってしまうことが多い。たとえば100球と決めた球数のなかで立ち投げを50球してしまったら、実戦の練習は50球だけ。立ち投げは5～10球で仕上げるのが理想。少ない球数で早く捕手を座らせるという習慣を身につけよう。

ピッチング

ねらい

長打されにくいコースへの投球を身につける

難易度	★★★★★
時　間	5～10分

得られる効果
- ▶コントロール
- ▶スピード
- ▶テクニック
- ▶フィジカル
- ▶守備力

Menu 026 アウトコース

▼やり方

捕手にアウトコースに構えてもらい、そこを意識してボールを投げる
（右投手の右打者に対しての投球を想定）

ポイント アウトコースへ投げられなければピッチングにならない

右打者なら投手から見て左サイド、左打者なら同じく右サイドへのアウトコースへ、きちんとコントロールよくボールを投げるのは投手としての基本であり、ピッチングの組み立ての軸となる。また、長打されにくいボールなのでしっかり練習しよう

なぜ必要？

アウトコースへのコントロールは難しい

アウトコースへのボールはもっとも体をうまく使わないとコントロールできないので、ピッチングの最初にしっかり投げ込む。

ここに注意！

» きちんとコントロールする

» ボールを置きにいかない

» 体全体を使い、キレよくしっかり腰を回転させる

ワンポイントアドバイス

コースの投げ分けはアウトコースから

コースへの投げ分けを練習するならまずはアウトコースから。右対右のアウトコースに投げる場合、手投げにならずにしっかり体を回さなければコントロールできない。体を一番大きく使い、一番難しいのがアウトコースだから、練習のはじめに投げておこう。

ピッチング

ねらい

武器になるインコースを身につける

難易度 ★★★★★

時間 5～10分

得られる効果
- コントロール
- スピード
- テクニック
- フィジカル
- 守備力

Menu 027 インコース

▼やり方

捕手にインコースに構えてもらい、そこを意識してボールを投げる
（右投手の右打者に対しての投球を想定）

ポイント 100パーセントを目指す

右投手の右打者へのインコースは、アウトコースよりも体を回転させなくてもいいぶんだけ投げやすい。

ただし、インコースはコントロールを間違えると長打につながるので、100パーセント正確にコントロールできるような意識で投げ込む

なぜ必要?

比較的投げやすく、武器になるインコースへきちんとコントロールする

インコースは投手にとってアウトコースよりも比較的投げやすく、打者を打ち取りやすい。だからこそ、100 パーセント正確に投げる。

ここに注意!

- 打者が立っているイメージで
- 少しでもコントロールが甘くならないように
- 自分の持っている最高のストレートを投げ込む

Level UP!

原点に戻ってアウトコース、インコースへの投げ分けを!

最近は投手の肩やヒジを壊さないよう、投球練習でも球数を制限しているチームがあるが、投手の基本であるアウトコース、インコースへしっかり投げ分けるコントロールを磨くための投げ込みをしよう。アウトコース、インコースへ投げたら、対角線へ投げる練習。インコース高めの次はアウトコース低めへ。次はアウトコース高めからインコース低めへと、しっかり投げ分けられるようにしよう。

ねらい

投球の幅を広げるための球種を身につける

Menu 028 変化球

難易度 ★★★★★

時間 —

得られる効果
- コントロール
- スピード
- テクニック
- フィジカル
- 守備力

なぜ必要?

試合で使えるように磨きをかける

投げてみたい、ピッチングの組み立てに必要だと思う変化球があったら、まずは基本的な握りを覚える。次にキャッチボールで、手首の使い方、腕の振り方、リリースを試してみて、投げられるかどうか判断する。"イケる!"となったら、ブルペンで捕手を相手に投げ、軌道を確認。コントロール、キレを磨いていく。

ここに注意!

» 軌道を確認する

» コントロールを磨く

» 同じ変化球を同じところへ、何球でも続けて投げられるようにする

ワンポイントアドバイス

より実戦に近い環境で投げ込む

新しい変化球を身につける際、握りを覚えたり、キャッチボールで試したりするときは遊び感覚でいいだろう。だが、ブルペンで投げるときには別だ。打者を立たせたり、捕手にサインを出させたり、審判をつけたりする。あるいは、ボールカウントやアウトカウント、ランナーの有無などを決めて試合に近い状況を設定して投げよう。

Level UP!

ストレートや投げられる変化球を組み合わせて練習する

ストレートだけ続けて投げているときは、スピード、キレ、コントロールなどすべて申し分ないボールを投げられても、カーブを投げた次のストレートは浮きやすい投手もいる。あるいは、シュートの次のストレートが微妙にシュート回転してしまうなどという投手も。同じ球種を続けて投げ込まなければ、その球を磨くことはできないが、組み合わせて投げてみて、自分の課題を見つけることも大切だ。

▲投手自らの目線で、捕手目線で、さらには打者目線で変化球の軌道を確認する

Extra

変化球でも正しいフォームで投げればケガは防げる

変化球を投げすぎるとケガにつながると言われるが、正しいフォームで投げればストレートを投げるのと何ら違いはない。問題は、変化球を投げるときフォームが崩れること。ボールを落とそう、曲げようという意識が強すぎるあまり、腕や手首をひねって投げてしまうため、ヒジや肩に負担がかかり、ケガしてしまう。

また、正しいフォームを身につけると同時に、体の軸をしっかりさせるために足腰や体幹を鍛えたり、肩まわりの筋肉をつけ、柔軟性を高めておくことも投手としては必要だ。

同じ変化球でも、ボールの握り方や投げ方は人それぞれ、いろいろある。どれが正解か不正解かではなく、次のP90～98で紹介する基本を覚え、理に適い、自分に合った握り方、投げ方を探してみよう。

▶ストレート(フォーシーム)

速く、伸びのあるボール

曲がったり落ちたりしない“変化球”、すなわち速く、伸びのあるストレートは、ボールが投じられた後、打者から4つの縫い目が見えるので「フォーシーム」ともいう。親指を立ててボールの縫い目にひっかけると、ボールの回転がよくなり、バッターの手元で伸びる、キレのいいストレートが投げられる。

【握り方】

人さし指と中指の先を縫い目にかける。その際、指一本分あける。親指は2本の指の真下に、立てるようにおく。ボールと手のひらの間に少しだけ隙間があくように握る。正しい握り方をすると、親指の爪の横、人さし指と中指の先の3か所にマメができる。

◀親指が人さし指のほうにズレている

◀親指が中指のほうにズレている

▶ツーシーム

打者の手元で微妙に変化

打者から2つの縫い目が見えるツーシーム。回転が不規則になるので、ストレートと同じような軌道で行きながら打者の手元で微妙に変化し、逃げたり、近寄ったりするためバットの芯でとらえることが難しくなる。芯を外すことによってゴロやフライなどの凡打に打ち取ることができる。ポイントはリリースのとき、手首を軽くひねり、少し外に押すように投げること。

【握り方】

人さし指と中指を縫い目に沿っておき、しっかりかける。親指も横にして縫い目にかける。指の力の入れ方を変えるだけでボールの変化が違ってくる。

▶ スライダー

打者の手元で逃げるようにスライド

右投手が右打者に投げると、打者の手元で外へ逃げるようにスライドするボール。曲がりは少ないがスピードがあるので打者はストレートと勘違いして振ってくるから、キレがよければ空振りを奪うことができる。手首はひねらず、真っすぐボールをズラすように押し出し、フィニッシュのときは親指が下、手のひらが外側を向いているように。

▲逆目に握っている。ボールをあまり曲げたくないときは有効

【握り方】

人さし指と中指をくっつけて、ボールの中心から中指のほうに少しズラして、縫い目にかける。親指も縫い目にかける。握りはストレートよりも深く。ボールの縫い目には順目と逆目があり（写真の縫い目のヤマの向きの違い）、順目のほうがかかりやすい。

▶ カットボール

打者の手元でわずかに変化

ストレートと同じ投げ方で、スピードもほとんど変わらず、同じ軌道でくるため、打者は完全にストレートだと思って強振してくるが、手元でほんの わずか変化するため、打ち損じとなる。大きく曲がる、落ちる変化球は空振りを取れるが、ストレートを待っている打者には見逃される可能性が高く、カットボールなら振ってくる。

【握り方】

人さし指と中指の間隔を狭めて、指先を縫い目にかけて、ボールのやや右側（親指側）を握る。中指を人さし指より強めに握り、力を入れてリリースする感覚で。

▶カーブ

大きな弧を描き
タイミングをズラす

右投手の場合、右から左へ大きな弧を描き、打者の目線をズラすのにもっとも効果的。また、ストレートとの球速の差が大きく、緩急によって打者のタイミングを外すことができる。ボールが曲がっていく方向に手首をひねりがちだが、トップの位置で手首は内側にロック。投球後はストレートと同じく手のひらは外側を向き、親指は下向きにする。

【握り方】

中指は縫い目にしっかりかけ、人さし指は真ん中におく。親指も縫い目にかける。手首を深く曲げ、ボールを抜くように投げる。縦に落ちるように曲がったり、横に曲がったり、スピードが極端に遅くなったりなどいろいろあるので、自分に合った握り方を探そう。写真のナックルカーブは曲げようとしすぎるピッチャーの矯正に最適。手首を使わず、抜かないでストレートのように投げる。

▲人さし指を立てて握るナックルカーブの握り

▶チェンジアップ

ストレートとのスピード差で勝負

もっとも緩急をつけることができるチェンジアップ。ポイントはストレートとまったく同じフォーム、腕の振りで投げること。ストレートだと思って打ちにきた打者に、「ボールがまだ来ない」という感覚にさせる。大きな変化はないが、回転が少ないためバッターの手元で沈むような変化をする。

【握り方】

“サークルチェンジ”あるいは“OKボール”と呼ばれるように、ボールの縫い目に沿って握った人さし指と親指でOKサインをつくり、手のひらで深く持つ。中指・薬指・小指にはかからないようにし、手のひらから抜けるように投げる。

▲最初は親指だけを縫い目にかけて投げ、抜く感覚をつかもう

▶ シュート

打者の内側に
食い込んで詰まらせる

右投手のシュートはストレートに近いスピードで、右打者の場合には内へ食い込んで詰まらせ、左打者の場合には外へ逃げていくように曲がって空振りさせる。中指でボールを切るようにリリースするとボールにスピンがかかるが、その際には手のひらが三塁方向を向くように。

【握り方】

ボールの縫い目の幅が狭いところに人さし指と中指を沿わせる。親指はボールの真下よりやや外側におき、縫い目にはかけない。あまり強く、深く握らず、ボールと手のひらの間に隙間ができるように。

▶フォーク

空振りさせるための落ちる決め球

ボールを人さし指と中指で挟み、ストレートと同じ腕の振り方で投げると、回転のないボールはストレートと同じ軌道を描きながらもホームベースの手前でストンと落ちるため、打者はバットに当てることさえ難しく、空振りする。高めに浮かないように、ワンバウンドを恐れず低めに投げること。

【握り方】

人さし指と中指をボールの縫い目にかけず、深く挟むように握る。親指は人さし指と中指の間に軽く添える。指が長く、握力がある投手はこの“３本指フォーク”がおすすめ。手が小さく、指が短い投手は人さし指と中指で深く挟み込めないので親指を外側にズラし、中指の下に薬指を沿える“４本指フォーク”を練習しよう。

▲手の小さい（指の短い）投手でも投げられる４本指フォーク

▶ スプリット

スピードのある落ち球

フォークボールの一種と分類されることも多いスプリットフィンガード・ファストボール。“ＳＦＦ”と呼ばれることもある。フォークボールより浅く握ることによって、落ち方は少ないがスピードがあり、コントロールをつけやすいため、ゴロに打ち取りやすいという特徴がある。

【握り方】

４本指フォークに比べて、人さし指と中指の開きが少なく、浅く握る。ボールと人さし指、中指の付け根に隙間があるように。薬指も第１関節から第２関節にかけてしっかりボールに添える。

コラム 3

七色の変化球は必要ない!?

メジャー・リーグにはこんな格言がある。
「変化球を2つ投げられれば3A（日本のプロ野球なら2軍）、3つあればメジャー昇格、4つならローテーション入り、5つで10勝。でも、6つあったら1A止まり」

つまりは、5種類の変化球を投げることができれば最高だが、それ以上となるとどれも“投げられる”というだけで中途半端、武器にはならないピッチャーが多いということだ。

野球マンガには「七色の変化球」を自由自在に操る華麗なピッチャーが登場したが、実際には7種類も変化球を投げられる必要はない。それよりは、自分の得意な球により磨きをかけたほうがいい。

変化球は大別すると4種類に分けられる。まずはピッチングの基本となるストレート系。ツーシームもこの仲間だ。次に、右バッターの外に逃げる、スライダーやカットボールを含むカーブ系。逆に、右バッターの懐に食い込んでくる、シンカーを含むシュート系。4つ目はボールが無回転でホームベース付近で沈む、チェンジアップを含むフォーク系だ。

まずは、ストレートと変化球を1つマスターして自分の武器とする。バッターは鋭い変化球を見せつけられれば、それがいつまでも残像となって意識するので、ストレートと変化球をうまく組み合わせれば打ち取ることができる。プロ野球でも、フォークなど“伝家の宝刀”と呼ばれた得意の変化球とストレートだけで大活躍したピッチャーは少なくない。

そして、次の段階では縦の変化球と横の変化球を練習する。

さらに、まだ余裕があれば4グループから1つずつ投げられるようにすれば、十分だろう。投げられることと、試合で使える、バッターに通用するということは別だということを忘れずに。

ピッチング

ねらい

勢いのあるボールを投げる

難易度	★★★★☆
時間	5分

得られる効果
- コントロール
- **スピード**
- テクニック
- **フィジカル**
- 守備力

Menu 029 捕手を後方に座らせて投げる

▼やり方

1 捕手が通常の位置から2～3メートル下がって構える（投手が下がるとマウンドの高さを使って投げられなくなるので、捕手が下がったほうがいい）

2 通常よりも遠くにいる捕手にボールを投げる

通常よりも後ろにいる捕手に勢いのあるボールを投げ込む

なぜ必要?

腕を振れない投手に勢いのあるボールを投げさせる

もともとの性分としておとなしい投手、あるいはコントロールを必要以上に重視して腕が十分に振れない投手などに、後ろに下がった捕手が構えるミットに勢いのある突き刺さるようなボールを投げさせる練習。

ここに注意!

- **思い切り腕を振って投げる**
- **コントロールよりもボールの強さ、勢いを重視**

ワンポイントアドバイス

捕手が2～3メートル下がる

投手と捕手の距離は通常よりも2～3メートル広げて、21メートルくらい。投手が下がって距離を広げてもよいが、マウンドから投げることは変えたくないので、距離を広げるときは捕手が下がるようにしよう。

ポイント

コントロールより勢い

この練習はボールに勢いをつけることが最大の目的なので、多少のコントロールの乱れは気にしないでいい。思い切り腕を振ろう

ピッチング

ねらい

コントロールの矯正

難易度 ★★★★☆

時間 5分

得られる効果
- コントロール
- スピード
- テクニック
- フィジカル
- 守備力

Menu 030 捕手を前方に座らせて投げる

▼ やり方

1 捕手が通常の位置から2～3メートル前で構える

2 通常よりも近くにいる捕手にボールを投げる

投手と捕手の間の距離は 16 メートルくらいが目安

なぜ必要？

コントロールの悪い投手に球筋や角度をイメージさせる

強いボールを投げたいと思うあまりに、フォームを崩してオーバースイングしてしまう投手に、近い距離で軽く投球させるとともに、投げたボールがどのような球筋を描き、どのような角度で捕手に届くかイメージをつけさせる。

ここに注意！

- 強く投げなくていい
- 正しいピッチングフォームで投げる
- リリースしたボールの球筋、角度を確認する

ワンポイントアドバイス

コントロールを重視

投手はどうしても速いボールを投げたい気持ちになるもの。しかし、力いっぱい投げるあまり、フォームを崩してしまったのではコントロールは定まらない。そんな投手にコントロールの意識を植えつけるために、捕手を通常よりも前に座らせる。捕手との距離が近くなれば思い切り投げることにブレーキがかかる。そうすることによって、正確にコントロールを重視して投げる意識が働く。

ねらい

バランスのいい投げ方を覚える

難易度	★★★★☆
時　間	5分

得られる効果

- ▶ コントロール
- ▶ スピード
- ▶ テクニック
- ▶ フィジカル
- ▶ 守備力

Menu 031 早投げ

▼ やり方

捕手からの返球を捕ったら、間髪入れず一連の動きで投球モーションに入って投げる。
これを繰り返す（10球1セット）

ポイント 実戦のクイックに活かす

クイックやショートスローは実戦で必要なこと。ゆったりしたフォームでしか投げられない投手は、この早投げをやることで体の素早い動かし方を覚える

なぜ必要？

バランスのいい投げ方を身につけさせる

クイックが苦手で、ゆっくりしか投げられない投手が対象。捕手からの返球をキャッチしたら、力をためずに、すぐに投球モーションに入り、リズムよく投げる。うまくできなければ、第1章「Menu 1　指にかける3段階ドリル　第1段階」や「Menu 2　リズムスロー」、「Menu 5　クイックスロー」に戻って練習する。

ここに注意！

» リズムよくドンドン投げ込む

» 急いで投げても、ピッチングフォームを崩さない

ワンポイントアドバイス

捕手は座ったまま投げ返す

この練習はリズム、テンポが大事。それは投手だけではなく捕手にも言える。
投手のリズムに合わせてボールを捕球したらすぐに座ったまま投げ返すようにしよう。

ねらい

上下のバランスを整える

難易度	★★★☆☆
時　間	5分

得られる効果
- コントロール
- スピード
- **テクニック**
- フィジカル
- 守備力

Menu 032 ステップしてスロー

▼やり方

1. 左足を上げたと同時に、後方で右手をテイクバック
2. 左足を前方にステップ
3. 左足が地面についたら、上半身を回転させてすぐに投げる

なぜ必要?

体の上下のバランスを取り戻すため

ピッチングフォームが乱れ、体の上下のバランスが崩れると、下半身の力が上半身にうまく伝わらない。また腰の回転も活かされないため、力のない手投げになってしまうので、このピッチング練習によって矯正しよう。この練習もうまく投げられなければ、第1章「Menu 1　指にかける3段階ドリル　第2段階」や「Menu 2　リズムスロー」、「Menu 5　クイックスロー」に戻って練習する。

ここに注意!

≫ 軽快に、リズムよく投げる

≫ ステップする幅を工夫する

≫ グラブをはめている左肩の使い方に注意

ワンポイントアドバイス

前足をついたらすぐ投げる

前足がつく前に体が回り出すと開きが早くなる。逆に前足がついてもまだ持とうとすると今度はヒザが前に出てリリースが下がる。こうした問題を解決するため、前足がついたらすぐに投げることを繰り返して、バランスのいい投げ方を覚える。

ピッチング

ねらい

ヒジを落とさない、手首が寝ないリリースを覚える

Menu 033 高い位置からスロー

難易度 ★★★★☆

時間 5分

得られる効果

- コントロール
- スピード
- **テクニック**
- フィジカル
- 守備力

▼やり方

1. ピッチャーの3メートルほど先に棒を設定するか、ロープを張る。高さは通常のリリースポイントの30センチほど上
2. その棒やロープを越えるように投げる

ポイント 手首を寝かさずリリース

高い位置に障害物があるためヒジを落とさずに投げなければいけない。
手首を寝かさないでリリースする感覚をつかもう

なぜ必要？

ボールが頭の裏から回ってこないで、すぐに打者に見えてしまうフォームを直す

テイクバックして体をひねっているとき、右ヒジが下がり、頭の後ろを回ってこないと、ボールが正面に立つ打者に投球モーションの早い段階から見えてしまうので、しっかり頭の後ろを回してからリリースに入る。うまく投げられなければ、第１章「Menu 1　指にかける３段階ドリル　第３段階」に戻って練習する。

ここに注意！

» 右ヒジが下がらないようにする

» 手首を使って投げない

» ボールを頭の後ろで一瞬隠す

Point!
ヒジを落とさない
Point!
手首を使わないで投げる

ピッチング

ねらい

ランナーの進塁を防ぐ投球を身につける

Menu 034 クイック

難易度 ★★★★★

時間 5～10分

得られる効果
- コントロール
- スピード
- テクニック
- フィジカル
- 守備力

▼ やり方

1 左足を上げず、すり足で前へ

2 その際、右足に重心を移動させる

3 右足に体重が乗ったら、通常と同じように投げる

Point!
右足に重心移動し
左足はすり足で

なぜ必要？

盗塁を許さず、ランナーをできるだけ進めないために練習しておく

足を大きく上げずにすり足で重心を移動し、腕を大きく振らずに回転運動で投げる。大切なことは早く投げるのではなく、フォームを省略すること。まずは、ワインドアップと同じ球威のボールを投げようとは思わない。練習していけば、クイックでもワインドアップの球威に近づけることができる。もしクイックでワインドアップと同じボールが投げられるなら、ランナーがいてもいなくてもずっとクイックで投げればいい。クイックも第１章「Menu 1　指にかける３段階ドリル」の延長であることを忘れずに。

ここに注意！

- ≫ 左足は上げない
- ≫ 体が突っ込まないように
- ≫ 一番大切なのはランナーではなく打者を打ち取ること
- ≫ タイムを計測

ワンポイントアドバイス

セットポジションではしっかり静止してから

第３章「Menu17 けん制」でも説明したが、クイックモーションに入る前のセットポジションでは一度しっかり静止しないとボークをとられる。あわてずに、一息ついてから投げるぐらいの感覚で！

Level UP!

クイックは省略

クイックを早くするコツは動作を早くすることではない。省略すると考えるのがいい。一番は、足を上げる動作を省いて、並進運動と回転運動で投げるということ。足を上げないで、すり足で、並進運動から回転運動につなげる。動作を急ぐ必要はない。

ピッチング

ねらい

フィニッシュ後に動けるようにする

Menu 035 バント対応

難易度 ★★★☆☆

時間 5分

得られる効果

- コントロール
- スピード
- **テクニック**
- フィジカル
- **守備力**

▼やり方

ボールを投げた（またはシャドーピッチング）後にマウンドを駆け下りる。
バランスを崩さないようにする

なぜ必要？

バント処理に備え、フィニッシュ後にダッシュしてもコントロールを乱さないように

バントされそうな場面では、まずはバントしにくいところに投げる。打者がバントの構えをしたら、投手はダッシュしなければならないが、あわてずにフィニッシュまできちんと投げ切ること。そうしないとコントロールが乱れ、ボールを連発することになる。敵は投手を揺さぶり、コントロールを乱すためにバントの構えをしたり、実際にバントを絡めた攻撃をしてくるが、普段から“しっかりコントロールしたボールを投げる→ダッシュ”の練習をしておこう。

Level UP!

バントは高めのボールでフライ、低めで空振りをねらう

バントされそうなときは、早いカウントなら高めのボール球を投げ、フライになるようにする。追い込んでからは低めのボールを投げ、空振りやスリーバント失敗をねらう。

第6章

実戦登板

キャッチボールから始まり、
ブルペンでのピッチングを経てより実戦的な投球練習へ。
試合で投げる、バッターを打ち取る、勝つ。
そのために必要なことを学ぶ。

実戦登板

ねらい

打者を相手に自分のボールを投げ込む

Menu 036 フリーバッティング

難易度	★★★★☆
時間	15～20分

得られる効果

- コントロール
- スピード
- テクニック
- フィジカル
- 守備力

▼ やり方

実際に守備が入った状態で打者に打席に立ってもらって投球する。打者はそれを打ち返す

? なぜ必要？

自分のボールに対して、打者がどう反応するかを見る

ブルペンでのピッチング練習とフリーバッティングで投げることの違いは、もちろん打者が打席に立っていることだ。打者がいても、自分のピッチングができるようにならなければならない。自分が投げたボールに対して、打者がどう反応するか。それを知ることによって、多くの課題が見つかるはずだ。

× ここに注意！

≫ 打者が立っても、力まず、投げ急がない

≫ 投球間隔、間合いを考える

≫ 捕手任せにせず、投手も打者のねらいを読む

≫ 一度打たれても崩れず、同じように投げ続ける

ワンポイントアドバイス

コーチが投手のすぐそばで見て細かく確認、注意してあげよう

ブルペンで投手や捕手のすぐ後ろ、あるいはバッターボックスに立って指導するピッチングコーチはいるが、フリーバッティングでも投手のすぐそばにいて指導するのもいいだろう。

投手と同じ目線でスピード、キレ、コントロール、変化球の軌道を確認するとともに、打者についてもどこを見たらいいか、何をチェックしたらいいかを教え、打者のねらいについてもアドバイスすることによって、投手として試合で必要なさまざまな気づきを与えられる。

Level UP!

打者の反応をよく見る

フリーバッティングでの投球はマウンドからでも、1～2メートル手前の平地からでもいい。とにかく大事なのは目的を持って投げて、投げ崩れをなくすこと。いろいろなボールを試してみて打者の反応を見ると、「このボールは使えるな」とか「こういう投げ方をしたら打ち取れる」といったことがわかるようになる。力いっぱい投げる必要はないが、打者のための練習という意識ではなく、目的を持って投げよう。

実戦登板

ねらい

苦手な場面を想定して克服していく

難易度	★★★★★
時間	20～30分

得られる効果

- ▶ コントロール
- ▶ スピード
- ▶ テクニック
- ▶ フィジカル
- ▶ 守備力

Menu 037 ケースバッティング

▼ やり方

ランナー一塁やランナー三塁など、場面を想定して、状況を考えながら投球する

なぜ必要？

苦手なシーンを反復練習して、克服する

たとえば、ランナーが一塁の場面でクイック投法となるとコントロールが乱れてしまう。あるいはランナー三塁で簡単に外野フライを打たれてしまうなど、投手にはそれぞれ苦手な状況がある。まずは、そうした課題をケースバッティングで洗い出し、その苦手なシーンを何度も何度も徹底的に練習して克服することが大事だ。

ここに注意！

» アウトカウント、ランナーなどを細かく設定する

» 得点差も設定する

Level UP!

捕手に“自分”を知ってもらうことが大切

バッテリーを組む捕手には、自分がもっとも得意とする球種、ピンチや強打者を迎えたときに自分が投げたい球種やコース、逆に投げることができない球種など、持ち球や投手としての特徴を知ってもらうことが重要だ。また、投手と捕手のコミュニケーションは試合前・中・後の３段階で考えることが必要。試合前には相手チームの打者の情報をともに分析し、同じ印象を持つこと。試合中は事前に得た情報や印象を修正する。そして、試合後には打たれたシーン、得点された場面をできるだけ細かく反省し、次に向かってどんな練習をしていかなければならないか、どんな変化球を覚えないと勝てないかなどを具体的に話し合う。

ねらい

練習でやってきたことを試合で試す

難易度 ★★★★★

時間 —

得られる効果

- ▶ コントロール
- ▶ スピード
- ▶ テクニック
- ▶ フィジカル
- ▶ 守備力

Menu 038 試合形式

なぜ必要？

練習してきたことが試合で活かせるかどうか？実戦に近い練習で課題を見つける

練習試合、オープン戦などいろいろあるが、試合形式のなかで、自分が持っているもの、練習してきたものをすべて出す。そして、課題を見つけ出す。そのためには、勝ち負けにこだわらず、内容を重視する。

ただ漠然と試合に臨むのではなく、チームとして、個人として、テーマを持って戦うことだ。

ここに注意！

» “結果オーライ”ではなく、どう考えてプレーしたか、過程を重視する

» 自分のピッチングを押し通すだけでなく、相手打者のねらいを読む

» 1球1球、あらゆる状況を把握して投げる

ワンポイントアドバイス

監督、ピッチングコーチは1イニングごとに注意する

試合形式の練習では、ピッチングの組み立てなど、グラウンドで戦う投手や捕手に考えさせることが前提だ。よほど打ち込まれればイニングの途中で指示を出すこともあるだろうが、ある程度までは本人たちに任せ、イニングが終わってベンチに戻ってきたら注意、アドバイスする。

Level UP!

ピッチングに制限をつける

「持ち球をひとつ使わない」、「必ず1打者4球で終わらせる」、「インコースだけを投げて勝負する」など、目的に合わせて制限をつけると、それぞれの課題が見つかりやすくなる。

コラム 4

投手のひとり相撲

投手がチームにもっとも迷惑をかけること、それは「ひとり相撲」を取ってしまうことだ。

コントロールが定まらずにボール球を連発、甘く入ったところをねらい打ちされて失点。あるいは、フォアボール、フォアボールでランナーをためた挙句、長打されて大量失点。もっと悪いのは、フォアボールの連続で押し出しだ。

投手はひとりで相撲を取っているのではない。目の前には投手のことを一番に考えてくれる女房役の捕手がいる。自分の後ろでは、７人の仲間たちが盛り立てようと守っている。

打たれたのなら守りようもあるが、ストライクがまったく入らず、フォアボールばかりでは、野手はどうすることもできない。「やってられない」となる。

ピンチのときこそ、仲間を信用して打たせて捕る。きっちりストライクを投げて、それで打たれたのなら、「あとは任せたぞ」でいい。それがチームワークというものだ。

守っている時間ばかり長ければ、攻撃にも影響する。投手がテンポよく投げてくれれば、たとえ失点しても、野手は「俺たちが打って、逆転してやる。オマエを勝利投手にしてやるよ」となるだろう。

逆に、せっかく打ち取ったのに、野手のエラーで失点した場面でも、投手は決して腐ったりしてはいけない。自分が打たれたとき、ファインプレーで助けてくれることだってあったはず。お互い様だ。エラーした選手は、自分が悪いことを誰よりも知っている。悔やんでいる。迷惑をかけて申し訳ないと反省している。だからこそ、「必ず自分が取り返す」と次の打席ではいつも以上に気合が入る。仲間のそうした気持ちを信じ、「ドンマイ、ドンマイ！　気にするな」と声をかけてやれなくては投手は務まらない。

第７章

トレーニング

“やらされる”トレーニングはつまらないだけでなく、効果も低い。
トレーニングのねらいを理解し、課題と目標を持って、
自ら積極的に工夫しながら取り組めば辛いことも乗り越えられる。

ねらい

フィジカル強化

難易度 ★★★☆☆

時間 30～60分

得られる効果

- コントロール
- スピード
- テクニック
- フィジカル
- 守備力

Menu 039 ランニング

瞬発力UP　ハイパワーランニング

▼やり方

10メートル・20メートル・30メートル・50メートルを全力で走り切る

＊本数は体力、体調、トレーニング時間に合わせて設定

筋持久力UP　ミドルパワーランニング

▼やり方

レフトとライトのポール間（約180メートル）を往復する

＊本数は体力、体調、トレーニング時間に合わせて設定

心肺機能UP　ローパワーランニング

▼やり方

20分間以上、ロングジョギングする

＊本数は体力、体調、トレーニング時間に合わせて設定

ワンポイントアドバイス

ランニングを嫌がる選手には

野球選手、とくに投手にとって、下半身を鍛えるランニングが必要なことはわかっている。だが、それでも辛いランニングから逃げがちだ。そんな選手には、ただ「やれ！」と命じたり、「精神力が鍛えられる」と言うだけでなく、ランニングの効果を明確に理解させることが大事だ。

ランニングによって足腰が鍛えられ、心肺機能が高まるのはもちろん、体の左右を同じように動かすためバランスが整い、血液の循環がよくなるため、疲労回復が早くなるなどの効果もある。

短距離ダッシュのスタート“変形”

[うつ伏せからスタート]

うつ伏せに寝た状態で合図があったら素早く立ち上がってダッシュ

[後ろ向きに座った状態からスタート]

進行方向とは反対向きに長座して、合図があったら素早く振り返ってダッシュ

[ジャンプしてスタート]

合図があったらその場でジャンプをしてダッシュ

[ジャンプで1回転してスタート]

合図があったらジャンプで１回転してダッシュ

敏捷性UP　シャトルランニング

▼ やり方

約 10 メートル間隔でスタート→トップスピード→ストップ→ターンを繰り返す

Point!
すぐにトップスピードに上げる
Point!
ターンして戻る

敏捷性UP　反復横跳び

▼ やり方

１メートル間隔で３本の線を引き、中央→右→中央→左→中央と順番にまたいでいく

Point!
しっかりコーンをまたぐ

跳躍力UP　三段跳び

▼ やり方

ホップ、ステップは同じ足で踏み切り、最後のジャンプは逆の足で踏み切る

Point!
三歩で目的のマーカーまで

トレーニング

難易度 ★★★☆☆
時間 30～60分

ねらい
フィジカル強化

得られる効果
- ▶コントロール
- ▶スピード
- ▶テクニック
- ▶フィジカル
- ▶守備力

Menu 040 補強トレーニング

なぜ必要？

投手としてのパフォーマンスを高めるため体幹を鍛える

体のコア＝体幹（頭部と四肢を除いた部位）を鍛えれば、姿勢がよくなり体の軸が安定する。また、上半身と下半身を連動させてうまくコントロールすることができるので、ピッチングフォームが安定。下半身の力が上半身に無駄なく伝わり、力強いピッチングができるようになる。

ここに注意！

» トレーニング中は常に体幹（インナーマッスル）を鍛えていることを意識する

» 偏らず、体全体を日々鍛える

手押し車 …… 両腕や肩だけでなく、体幹を鍛える

▼やり方

パートナーに足を持ってもらい、腕で体を支えながら決められた距離を進む

お尻が落ちないように注意し、頭・背中・腰・尻・足が一直線になるように

ポイント

速さよりも姿勢

速く進むことよりも、姿勢を保つことを心がけ、体幹を刺激するように意識する。足を持つパートナーは強く押し出さない

四つ足 ………… 腹筋を中心に体幹を鍛える

▼ やり方

四つ這いの姿勢からヒジ、ヒザは地面につけずに決められた距離を進む

姿勢が崩れる

背中が丸まり、姿勢が崩れた状態で行うのはＮＧ。体をしっかり伸ばさなければ負荷がかからない

ポイント 目線は2～3メートル先

背中を伸ばし、下を向かずに目線は２～３メートル先に向ける

後ろ四つ足 …… 腹筋を中心に体幹を鍛える

▼ やり方

お腹を上に向けた状態でお尻をつけずに体を支えて決められた距離を進む

Arrange 進行方向を変える

ここでは頭の方向に進む形を紹介しているが、足の方向、あるいは左右に動くなど進行方向を変えるとかかる負荷が変わってくるのでいろいろな筋力を鍛えることができる。どの方向に進むときもお尻はつけないようにすること。

ポイント お尻を上げる

負荷をかけるポイントはお尻を上げること。お尻を落とさず、できるだけ上げて進むようにする

3本指腕立て伏せ

体幹や腕と同時に、投手にとって大事な親指・人さし指・中指の指力（しりょく）を鍛える

▼ やり方

親指、人さし指、中指の３本で体を支えて（ヒザはついてOK）、腕立て伏せを行う

ポイント 指先で体を支える

親指・人さし指・中指を立てて、指先で体を支える。指を痛めてしまっては意味がないので、最初はヒザをついた状態でOK。筋力がついてきたらヒザを上げてトライしてみよう

Extra

投手にとって大切な指の話

投手は利き手の指の爪が少しでも伸びたら切り、常に手入れをするのはもちろん、指先にマメができないように、また爪が割れないように細心の注意を払わなければならない。そのためには、「3本指腕立て伏せ」などで指先に摩擦を与えておくと皮膚が鍛えられる。

Extra

メディシンボールで鍛える

メディシンボールはゴム製ボールで２キロ、３キロ、４キロ、５キロなどさまざまな重さがある。かつては、ボクサーがボディへのパンチに耐えられるように使っているぐらいだったが、体幹トレーニングブームとともにアスリートだけでなく一般の人々もトレーニング用品として多く愛用するようになった。メディシンボールを使ったトレーニングはここで紹介した以外にもまだまだあり、バリエーションは無限大。自分なりのアイディアで新しい鍛え方を考えてみては？

メディシンボール～座ってパスする

▼ やり方

地面に腰を下ろし、両ヒザを曲げた状態からパートナーが投げたメディシンボールを受け取り、腹筋の要領で起き上がりながら両手でパートナーに投げ返す

Level UP!

さらに負荷を高めて

[両肩を地面につけて寝た状態から]

▲仰向けに寝て完全に地面に両肩をつけた状態から、体を起こして両手でパスをする

[両足を地面につけない状態から]

▲両足を地面から浮かした状態から両手でパスする。常に腹筋に負荷をかけておく

メディシンボール
～体を左右に振って

▼ やり方

地面に腰を下ろし、ヒザを曲げて足は地面につけない状態でボールを受け取る。ボールを持ったまま体を左右に振ってからパートナーに投げ返す

Point!
ボールは両手で持ち
しっかり体をひねる

メディシンボール
～ボールを足の下にくぐらせる

▼ やり方

地面に腰を下ろして両足を上げ、ボールを左右の足の下に順番にくぐらせて、パートナーにパスする

Point!
テンポよくボールを動かす

メディシンボール～うつ伏せでパスする

▼やり方

うつ伏せの状態でボールを頭上にかかげ、全身の力でパートナーにボールを投げ返す

Point!
腹筋、背筋を使って思い切り投げる

メディシンボール～うつ伏せで上体を起こし、ボールを左右に転がす

▼やり方

うつ伏せから背筋を使って上体を起こし、胸の下でボールを転がして左右に移動させる

Point!
上体をしっかり起こす

Point!
ボールは目の前ではなく胸の下で転がす

メディシンボール～つま先でボールにタッチ

▼ やり方

ボールの後ろに立ち、左右のつま先で交互にボールにタッチする。素早く足を動かしてステップワークを強化

Arrange

左右に動いてタッチ

「つま先でボールにタッチ」のアレンジを紹介。ボールを両足でまたぐ形でボールの真上に立ち、左右に動いてそれぞれの足で交互にタッチする。その場で足を入れかえ、つま先でボールタッチするときとの足さばきの違いを意識しながらやろう。

メディシンボール～スローイング

▼ やり方

サッカーのスローイングのように、両手で頭上にボールを持ち上げ、一歩踏み込んで前へ投げる。そのとき、体が傾かずに真っすぐになっているか気をつける。しっかりと背筋を使えていればボールは遠くに飛ぶ

Point!
全身を
思い切り伸ばし
しならせて
投げる

メディシンボール～後ろに放り投げる

▼ やり方

腰を落として屈んだ状態で力をため、伸び上がって後方へ放り投げる。脚力と背筋力をしっかり使おう。ただし、腰に違和感があるときは注意

Point!
脚力と背筋を使う

トレーニング

ねらい

筋力を強化する

Menu 041 ウエイトトレーニング

難易度 ★★★★☆

時間 30～60分

得られる効果
- ▶コントロール
- ▶スピード
- ▶テクニック
- ▶フィジカル
- ▶守備力

ここに注意!

» 自己流で行わない

» 専門トレーナーに体力、体格、目的に合ったメニューを作成してもらう

» 指導された正しいフォームでできているか、鏡を見て確認する

» 大きい筋肉と小さい筋肉の両方を鍛えよう

スクワット

▶スクワットで下半身と体幹を強化する。背中が丸まった状態で行うと腰を痛めてしまうので注意。ベルトをして行うようにしよう

ダンベル

▶ダンベルを使ったトレーニングは多々あるが、ここでは投手として重要な肩のインナーマッスルを強化するトレーニングを紹介。腕を広げて伸ばし上下、内外に小刻みに動かす

Point!
上下に動かす
Point!
内外に動かす

ねらい

柔軟性を高めてケガを予防する

難易度	★★★☆☆
時　間	10 ~ 15 分

得られる効果
- ▶ コントロール
- ▶ スピード
- ▶ テクニック
- ▶ フィジカル
- ▶ 守備力

Menu 042 ストレッチ

? なぜ必要?

柔軟性を高めるとともに、ケガを防止する

ストレッチによって、運動前は眠っていた体を呼び起こし、体をほぐす。運動後は関節のズレなど崩れた体のバランスを矯正する。
入念なストレッチを日々続けていけば、体の柔軟性は必ず高まり、関節の可動域が広がる。それによってダイナミックで力強い投球フォームを実現できる。また、柔軟性が高まれば、思わぬケガを防ぐこともできる。

× ここに注意!

» 野球は全身運動。体全体、くまなくしっかりストレッチすること

» 反動をつけず、ゆっくり、確実に

» 最初は無理せず、可能な範囲で

肩腕伸ばし①

▼ やり方

1 胸の前で一方の腕を伸ばす
2 もう一方の腕でヒジを抱えこむようにして手前に引く
3 肩の後面から上腕を伸ばす
＊左右両方やる

▶肩から腕の外側にかけての筋肉を伸ばす

肩腕伸ばし②

▼やり方

1 両腕を上げて頭の後ろでヒジをつかむ
2 頭を下げないようにしてヒジを下に押し下げる
＊左右両方やる

ポイント

無理に引っ張らない

ストレッチは無理にやる必要はない。筋肉が伸びているのが実感できるところで静止するイメージでいい

▲肩から腕の内側の筋肉を伸ばす

肩甲骨伸ばし①

▼やり方

1 四つ這いになる
2 両手を前方に伸ばす
3 腰を後ろに引いて肩、胸、背中を伸ばす

ポイント

ついた手は動かさない

手を前に動かしてストレッチするのではなく、腰を後ろに引くことで伸ばすようにする

▲両手のひらをできるだけ前方につける

肩甲骨伸ばし②

▼やり方

1. 四つ這いになる
2. 片方の手のひらを斜め前方につく
3. 肩の表面が地面につくようにしながら肩甲骨を伸ばす

＊左右両方やる

▶指先から肩の付け根まで地面につけ、肩や腕の裏側を意識して伸ばす

肩甲骨伸ばし③

▼やり方

1. 正座する
2. 両手を前方の地面につける
3. 片方の手を逆の手の下に通して、反対側に伸ばす

＊左右両方やる

▶手を反対側に伸ばす際、肩ができるだけ深く入り込むように

Extra

静的ストレッチと動的ストレッチ

ストレッチには静的と動的の２種類がある。静的ストレッチはここで紹介したように、時間をかけて筋肉を伸ばすストレッチで、座って行うものがメイン。動的ストレッチはダッシュなどの動きを伴うストレッチで関節を動かす目的で行われる。こうしたストレッチで可動域を広げることがケガの防止、そしていいプレーにつながるので疎かにしないように！

ストレッチ箇所をCheck

- 足首・スネ伸ばし
- 足の裏側伸ばし
- 足首外側・内側伸ばし
- 太モモ前側・裏側伸ばし
- 腕伸ばし
- 首の後側伸ばし
- 腰ひねり

股関節伸ばし①

▼ やり方

1 両足を左右に開いて座る
2 上半身を前方に倒す
＊ 10 回

▶両足は 180 度開けば理想的。おでこやアゴが地面につくぐらいの柔軟性を手に入れよう

股関節伸ばし②

▼ やり方

1 両足の裏を合わせて胡坐をかく。ヒザの外側を地面につけるようにする
2 上半身を前方に倒す
＊ 10 回

▶体を倒すことよりも股関節を伸ばすことを意識して

腰・太モモ裏伸ばし

▼ やり方

1 両ヒザを立てて座る。両手は後方につく
2 片足を反対側のヒザに乗せる
3 上半身を腰から前方に押し出す
＊左右各 10 回

▶腰から太モモの裏側を伸ばす

体側伸ばし

▼ やり方

1 両足を左右に開いて座る
2 手でつま先を持ち、そちら側に体を倒す
＊左右各 10 回

▶胸を左右それぞれのヒザにつけると、足の裏側も伸ばせる

大臀筋伸ばし

▼ やり方

1 仰向けに寝る
2 片方の足のヒザを曲げて反対側にクロスさせる
2 クロスさせた足と反対側に体をひねる
＊左右各 10 回

▶大臀筋（お尻）を中心に腰、背中、太モモを伸ばす

背中伸ばし

▼ やり方

1 仰向けに寝る
2 足を持ち上げて両足のつま先を頭の上にもっていく。両手で腰を支える
＊ 10 回

▶背中だけでなく、腰も伸ばす

コラム 5

メンタルトレーニングはすべてを把握した指導者とのコミュニケーションから

　ピッチャーに求められるのは“自信”である。ならば、自信とは何か？　スポーツ心理学的に言えば、「いまからやろうとすることが、何となくうまくできそうな気がする」ということだが、それは過去の実績から得られるものではない。

　最近はアスリートのメンタルに関する研究が進み、トレーニング方法も確立してきている。大いに取り入れていくべきだ。しかし、それだけでは、自分の背中を押してくれるような状態には持っていけない。指導者が、いかにピッチャーに自信をつけさせられるか、もっと考えていかなくてはならない。

　指導者がピッチャーをほめること、怒ること、厳しい練習を課すこと、考えさせること、工夫させることは必要だ。もちろん、環境を整えて練習の量を増やし、質を高めてやることも欠かせない。それらすべての足し算であり、掛け算がピッチャーのメンタルトレーニングとなり、自信をつけさせることになる。

　だが、ピッチャーというのは難しい。どんなにメンタルの強いピッチャーでも、１本のヒットでガタガタと崩れる。そんなことは珍しくはない。それだけ、ピッチャーというのは繊細だ。

　だからこそ、打たれたことから学び、跳ね返させなくてはいけない。勝ち続けることはできず、負けを次に活かすプロセスもまた自信につながっていくのだから。

　人にはそれぞれいろいろなタイプがある。ひとつ教えれば、十やる者もいる。一つひとつ細かくフォローしてやらないとダメな者もいれば、うるさく言うと反発する者もいる。その人の性格、心理、背景などあらゆる要素を把握してコミュニケーションをとること。それが一番のメンタルトレーニングとなるのではないだろうか。

コラム 6

3種類のイメージトレーニング

イメージトレーニングには3種類ある。

ひとつ目は、誰もがやっている戦術的なイメージトレーニングだ。対戦相手のビデオを観ながら、配球を考える。あるいは、プロ野球の試合を観ながら、自分ならどう攻めるか、ピッチングの組み立てを考えながら勉強する。

試合前には、キャッチャーと二人で、ときにはピッチャーひとりでも、入手した資料をもとに、具体的にシミュレーションして対策を練ることが重要だ。

二つ目は、どういう状況で戦うのか想像することである。どんな天気なのか、グラウンドはどんな状態なのか。さらには、どのくらい観客が入っているのか。

東京ドームで行われる都市対抗で力を発揮できないピッチャーは大勢いる。いきなり、あの大観衆の前に出て、普段通りのピッチングをしろと言っても無理だろう。少しでもあの場の雰囲気に呑まれないためには、過去の映像などを見て覚悟を決めておくといいだろう。

3つ目は、練習で活かすイメージトレーニングだ。具体的には、自分が理想とするピッチングフォームをイメージすることである。細部にわたっているほどいい。正面だけでなく、後ろから、横から、あるいは頭上からの映像が頭の中に浮かぶように。理想像といまの自分のフォーム、現実像を常に2画面テレビのように並べてイメージし、違っていればその差をすぐに修正する。

コーチやキャッチャーなどから指摘される前に気づくことができないと、一度狂い出したらドンドン崩れてしまう。また、いまはカンタンに撮影し何度も観ることができるので、ビデオなどを利用するのもいいが、まずは自分で理想のフォームをイメージ、現実のフォームも立体的に把握して、理想のフォームに近づけていけるようにしたい。

コラム 7

ケガをしたときこそチャンス！

ＪＲ東日本野球部には、「ケガをしたピッチャーは朝５時集合！」という掟がある。

早朝のグラウンド、そこでは鬼の山本浩司ピッチングコーチが待っている。そして、ケガをして投げることはできなくても、走ることはできるピッチャーはとにかく走らされる。

その間、足をケガしているピッチャーはグラウンドの隅で延々と補強トレーニングをやらされる。まだまだ続く。それが終われば、トレーニングルームで個人別に作成されたメニューに合わせてウエイトトレーニングだ。

「ケガしたことを後悔せず、逆によかったと思えるようにするには、ケガする前よりいい状態にするしかない」

それが、私や山本コーチの持論だ。

通常、ピッチャーはキャッチボールで 50 球、守備練習で 50 球、ピッチング練習で 200 球、課題練習で 200 球、トータルすると１日の練習で 500 球は投げることになる。それと同じだけ体を使うとなれば、ケガして投げられないピッチャーは腹筋なら倍の 1000 回はやれというわけだ。

ケガをしたら、治るまでに練習できる内容は限られてくる。でも逆に、ケガしているからこそできることもある。体幹を鍛えるトレーニング、野球に関する知識や情報の吸収、考えの整理などなどいくらでもあるはずだ。

また、ケガをしている間のトレーニングがきつければきついほど、もうケガをしたくないという思いが強くなり、試合や練習中はもちろん、日常生活でも細心の注意を払うようになるだろう。

さらに、たとえケガをしたとしても、早く復帰してみんなと同じ練習がしたいと治療やリハビリに一生懸命励むようになるはずだ。

第8章

ウォーミングアップ&クールダウン

ウォーミングアップはこれから始まる試合に向けて、
クールダウンは次の試合へ向けての大切な準備。
これらを疎かにしていては、一流選手にはなれない。

難易度	★★★☆☆
時　間	20 ～ 30 分

得られる効果
- ▶ コントロール
- ▶ スピード
- ▶ テクニック
- ▶ フィジカル
- ▶ 守備力

ねらい
試合で力を出し切る準備

Menu 043 ウォーミングアップ

なぜ必要?

試合で 100 パーセント力を出し切るために

持てる体力や技術を最大限発揮するために必要なウォーミングアップ。筋肉を温め、ほぐすことによって、これから始まる試合への準備をする。体だけでなく、相手チームの情報の再確認や心の準備も忘れずに。

▼ やり方

1 準備体操
入念にストレッチを行うこと。練習中、試合中のケガの多くは、しっかりストレッチすることによって防止できる

2 ウォーキング
急に走り出したりせず、歩きながら手首や首、肩を回したり、上半身を動かしながらスタート。気持ちも高めていこう

3 ジョギング
ウォーキングよりスピードを速め、歩幅も広げる

4 ランニング
ジョギングよりさらにスピードを上げていく

5 ウォーキング
ランニングから徐々にスピードを下げ、最後はウォーキングで呼吸を整える

6 キャッチボール
肩慣らし程度から始め、最後は力のあるボールで野球選手モードに突入

ワンポイントアドバイス

試合前に「ひと汗かく」

昔から言われる「ひと汗かく」。ひとしきり汗をかくという意味だが、ウォーミングアップはまさにコレだ。体を温めると言っても、体温計で計りながらウォーミングアップすることはできないので、“汗”を判断の目安にするといいだろう。汗は、体内の熱が上がると、体温を一定に保つために体の外へ出されるので、汗をかいたというのは体が温まった証拠。寒い日など体が冷え切っているときは、多少動いてもなかなか汗をかかないので、それだけ念入りにウォーミングアップしなければいけないということだ。
試合前はウォーミングアップでひと汗かいて、投手として準備に入る。投げ込んで、さらに汗をかいて気になるようなら、アンダーシャツを着替えるのを忘れずに。

Level UP!

「野球ノート」をつけよう!

試合は主審が「プレイボール」を宣告する前から始まっている。試合に向け、いかに準備してきたかによって勝敗の何割かはすでに決定しているだろう。そこには、練習内容だけでなく、睡眠や食事など体調管理も当然含まれる。
どう過ごせばベストの状態で試合を迎えられるか。その方法は人によってさまざまだ。だからこそ、「野球ノート」をつけよう。日々の練習メニューやそのとき見つかった自分の課題、試合での反省などを書くのはもちろん、「試合に向けて、何を行い、どう準備したか」、それによって「体調はどうだったか」、細かく残しておけば、自分にとってベストの準備方法がつかめるはずだ。

ねらい

練習、試合の疲れを残さない

難易度 ★★★★★

時間 15～20分

得られる効果

- コントロール
- スピード
- テクニック
- フィジカル
- 守備力

Menu 044 クールダウン

なぜ必要?

その日の疲労はその日のうちに回復

試合や練習の後は、早く冷たいものが飲みたい。腹ペコならすぐに何か食べたい。そして、座るか横になるかしてゆっくり休みたい。そんな気持ちはよくわかるが、疲労を早く回復させるためには、クールダウンは絶対に必要だ。

▼やり方

1 ダウンのキャッチボール

力を込めてボールを投げる必要はない。球数も10球も投げれば十分。ゆっくり肩をまわし、肩のまわりやヒジ、手首などをほぐすイメージで行う

2 ロングジョグ

歩くよりやや速いぐらいのスピードで。ただし、距離は1キロ以上。ジワッと汗が出てくるぐらいを目安に。首や手首、肩などをまわしながらジョギングするのもいいだろう。頭ではその日のピッチング内容を反省し、次への課題を考えながら。しっかり汗をかいて血のめぐりをよくして終わること

3 ストレッチ

筋肉をほぐし、血のめぐりをよくする。とくに、投手の場合は投げれば投げるほど引っ張られて肩の位置が通常よりも前へ来ているので、正しい位置に戻すことが大事。ストレッチポールなどがあるとなおよい

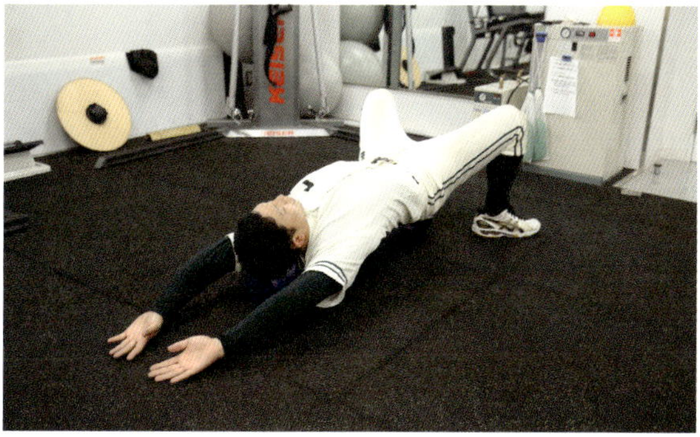

4 アイシング

投球後、肩やヒジは熱を帯びているので、氷などで冷やし、疲労回復を早め、筋肉痛やケガを防止する

5 マッサージ

トレーナーがいれば、マッサージを受ける。その際には肩やヒジなどだけではなく、全身を。違和感がある箇所があれば、とくに時間をかけてマッサージしてもらう。チームに専属トレーナーがいなければ、セルフマッサージの方法を覚えておこう

ワンポイントアドバイス

やっぱり氷が一番！

アイシングには氷だけでなく、保冷剤が入ったコールドパック、冷湿布、コールドスプレー、流水などが用いられるが、冷却効果がもっとも高いのは氷。患部の表面だけでなく、深部まで冷却するなら、やっぱり氷が一番というわけだ。氷を用いる場合、氷のうを使う方法、ビニール袋に氷を入れてから空気を抜いてアイスパックをつくる方法、氷と水をバケツに入れる方法、氷を直接患部に当ててこするアイスマッサージなどがある。

コラム 8

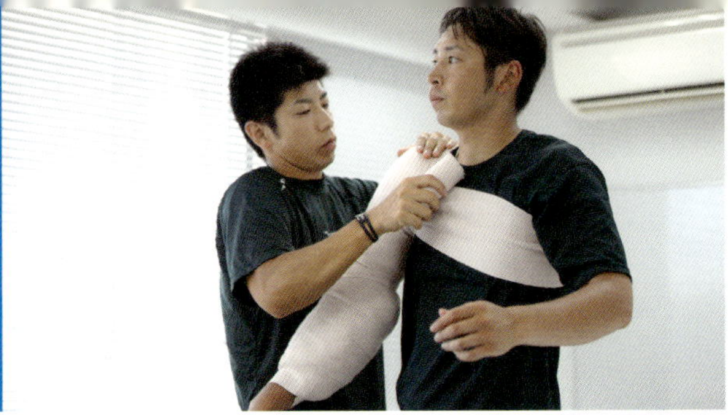

アイシングについて

「ピッチャーが肩を冷やすなんてもってのほか」と言われ、夏でも長袖シャツをいつも着て、クーラーや扇風機の風が直接、利き腕に当たるのを避けた時代もあった。

しかし、いまでは試合や練習後のピッチャーのアイシングは当たり前。“アイシング万能時代”となっている。

アイシングによって運動後の疲労蓄積や筋肉痛を軽減させ、回復が早くなるという考え方は間違っていないが、大事なのはいつやるかだ。投球練習のたびにアイシングしていたのでは満足な練習ができない。

試合で投げた場合は、ダブルヘッダーの次の試合で投げる予定がない限り、降板したらダウンのキャッチボールやランニング、ストレッチなどを行った後、ただちにアイシングをすればいいだろう。だが、練習では「なるべく後に」が基本。ブルペンでの投げ込みが終わった後でも、フリーバッティングやケースバッティングで投げなければいけないときもあるからだ。それを考えずにアイシングしてしまうと、投げることができなくなってしまうので注意しなければならない。

また、なかにはアイシングすると冷却部の血管が収縮するため、しないほうが血流がよいのか、回復が早いピッチャーもいる。

氷で冷やす場合は20分程度が目安とされるが、それも個人差がある。大事なことは、いつ、どこを、どのくらいの長さ冷やすかなど、それぞれが自分に合ったやり方を見極めることだ。

第9章

日常での練習

ピッチャーとして大成したいなら、
グラウンド以外でもできるだけ多くの時間を練習にかけることだ。
部屋にいるときでも、通勤通学の途中でも、
工夫次第でできることはいろいろある。

難易度	★★★★★
時　間	いつでも

得られる効果
- ▶ コントロール
- ▶ スピード
- ▶ テクニック
- ▶ フィジカル
- ▶ 守備力

ねらい

指にボールの感覚をしみ込ませる

Menu 045 ボールを弾く

▼やり方

1. ストレートを投げるようにボールを握る
2. ボールを上へ向ける
3. 人さし指と中指を滑らせ、ボールを真上に弾き上げる
4. 弾くことができるようになったら、徐々に高さを上げていく

JR
EAST JAPAN
Point!
コントロールよく真上へ弾く
Point!
ボールを捕ったらすぐにまた投げる

なぜ必要？

とにかくボールを持っている時間を増やす

軟式野球から硬式野球に移行したばかりの投手には絶対におすすめ。
まずは、いつでもどこでも、寝転がってテレビを見ているときでも、電車に乗っているときでも、走っているときでも、歩いているときでも、あるいはベンチやスタンドで試合を観戦しているときでも、常にボールを手から放さず、指にボールの感覚をしみ込ませる。
次に、投げることはできなくても、数十センチ上げるぐらいならどこでもできるので、指でボールを弾く要領を体で覚える。

ワンポイントアドバイス

できるだけ新しいボールで！

バッティングマシンで使うような皮が擦り切れ、キズだらけになった古いボールではなく、新品とまではいかなくてもピッチング練習で使うぐらいの新しいボールのほうが皮のなめらかさ、滑り具合など感覚が正しく身につく。

Level UP!

より高く弾く

真上にボールを弾くことができたら高さを意識してやってみよう。指とボールの感覚がしっくりきていれば真っすぐに高くボールを弾いて上げることができるはずだ。

難易度 ★★★☆☆
時間 10～20分

ねらい
重心移動を覚える

得られる効果
▶ コントロール
▶ スピード
▶ テクニック
▶ フィジカル
▶ 守備力

Menu 046 段差でのシャドーピッチング

▼ やり方

1 段差の高いほうにプレートがあるイメージで、右足１本で立つ
2 左足を通常のピッチングフォームの歩幅で前へステップ
3 左足が低い地面に着地したら、体重を左足に移動し、テイクバックからリリース

ワンポイントアドバイス

段差があればどこでもできる

この練習はわざわざ台を用意しなくても段差があればどこでもできる。軸足を意識しながら重心移動を繰り返して軸足の使い方を覚えよう。

なぜ必要?

右ヒザの使い方、重心移動を覚える

左足を前へ出すと同時に右ヒザも流れてしまう投手は必須。左足が地面に着地するまでは右足に体重を乗せ、できるだけ右ヒザの上に頭が残るようにする。前へ突っ込むようなフォームに崩れてきたら、このシャドーピッチングで矯正するといいだろう。

ここに注意!

» やや高めのマウンドをイメージして段差を選ぶ

» 段差がありすぎると左足が着地した際に滑るので気をつける

Point!
できるだけ
右ヒザの上に
頭を残す

日常での練習

ねらい

リリースの感覚を身につける

Menu 047 新聞紙シャドーピッチング

難易度	★★★☆☆
時間	20～30分

得られる効果

- ▶コントロール
- ▶スピード
- ▶**テクニック**
- ▶フィジカル
- ▶守備力

なぜ必要?

ボールをリリースする際の叩く感覚を身につける

コントロールを意識しすぎる投手が、"ボールを置きにいく"ようにならないための練習。

ボールをリリースする際には、力強くパチンと"叩く"ようにしなければならないが、その感覚が身につく。

ワンポイントアドバイス

タオル、手ぬぐいはNG

同じ要領でタオルや手ぬぐいを使って練習している投手もいると思うが、タオルや手ぬぐいは長く、しなりすぎるので効果がない。また、タオルがしなっているのを腕がしなっていると勘違いしてしまうこともある。ここで紹介した棒は新聞紙を丸めてガムテープでとめるだけなので、壊れても簡単につくり直すことができる。また、このくらいの長さのほうがしっかりと手の使い方を覚えることができる。

▼やり方

1. 新聞紙1ページ分をたたんで幅約10センチ（握りやすい幅）・長さ約30センチ（3握りほどの長さ）の短冊状にし、テープでとめる
2. 1を利き手で持ってシャドーピッチングする

日常での練習

ねらい

ボールが指にかかる感覚の確認

難易度	★☆☆☆☆
時間	部屋でいつでも

得られる効果

- ▶ コントロール
- ▶ スピード
- ▶ テクニック
- ▶ フィジカル
- ▶ 守備力

Menu 048 部屋でのスロー

なぜ必要？

ボールが指にかかる感覚を確認、覚える

ボールをリリースする際、しっかり指がボールにかかる感覚を確認すると同時に、体に覚えさせる。第１章「Menu 1　指にかける３段階ドリル」を下半身を使わず、上半身だけ使って復習するつもりでやってみよう。

ここに注意！

» 1球1球指の感覚を確認しながら投げる

» 3段階ドリルのねらいをしっかり意識する

ワンポイントアドバイス

部屋の中でも硬球を使って！

この練習は部屋の中でできるのがポイント。部屋の中とはいえ、ボールに指がかかっている感覚を確認することがねらいだから、テニスボールなどの柔らかいボールを使って行ったのでは感覚が変わってしまうので意味がない。部屋の壁や家具に傷をつけないよう注意しながら、必ず試合と同じ硬球で練習すること。

▼やり方

1. 壁や家具の前に厚めのクッションまたはマット、畳んだ蒲団を用意する
2. 2～3メートル離れて、胡坐をかいて座る
3. 上半身だけを使ってクッションに向かってボールを投げ込む

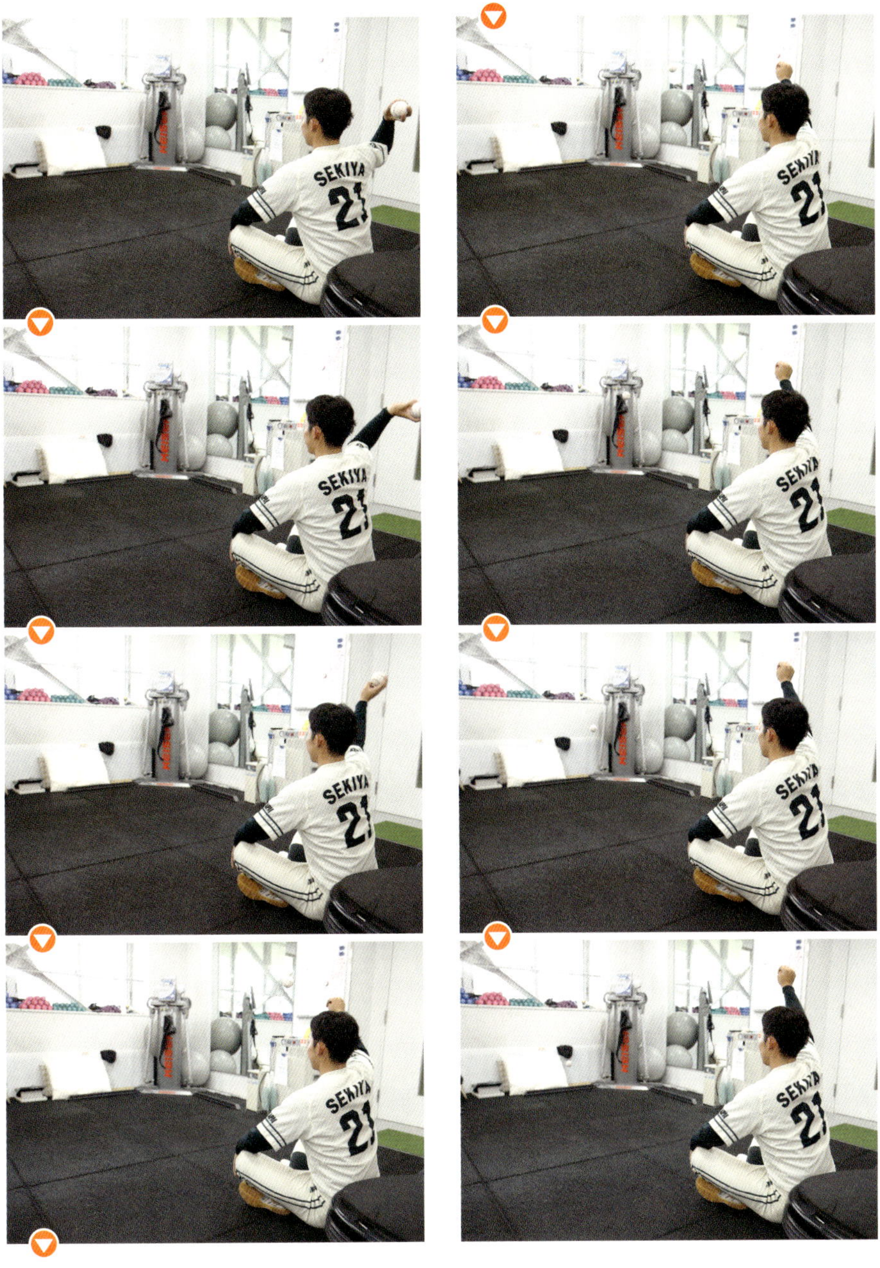

コラム 9

ピッチャーの分業制

かつては、先発ピッチャーが完投するのは当たり前だった。だが、いまでは先発ピッチャーが5〜7回投げて、中継ぎピッチャーがつないで、最終回は抑えピッチャーが締めくくるという「分業制」が主流となっている。

ここ数十年でバッティング技術が飛躍的に向上したこともあり、ピッチャーがケガをすることなくシーズンを通し、長く働くことができるようにするためには分業制も仕方ない。

しかし、力強いスピードボールやキレのある変化球を投げ、バッターを打ち取るというピッチャーの基本は変わらない。

問題は、準備と考え方だ。

先発ピッチャーは1回の立ち上がりに注意し、あとはペース配分を考えて投げなければならない。全打者に対して、すべての球を全力投球していては、9回完投はおろか、勝ち投手としての権利を得る5回までも投げきれないだろう。三振をとる場面、打たせて取る場面などメリハリをつけることが重要だが、そのためには相手チームの打者についてよく知っていなければならない。

一方、中継ぎや抑えにとって大切なのは、試合の流れをつかんでいることだ。自分が投げていなくても、登板に備えて練習しているときでも、常に試合の流れを知っていること。同時にその日、好調なバッターと調子がよくないバッターもわかっていなければならない。

そのうえで、リリーフはランナーを背負ったピンチの場面でマウンドに上がり、1本のヒット、1個のフォアボールも許されないことが多いので、必ず三振がとれるピッチングも要求される。

登板時に体調をピークに合わせるコンディショニング、とくにリリーフの場合、何球投げれば肩ができるのかは人それぞれ違ってくるので、まずはいろいろな調整法を試してみることだ。その結果、自分に一番合っている方法を見つければいい。

第10章

ほかのスポーツで鍛える

野球の練習だけではなかなか強化できない
筋肉やスピードを、ほかの競技で鍛えよう。
メンタルトレーニングや持久力アップにつながる競技も取り入れて、
マンネリ化を防ぎ、いい気分転換を図りながら充実した練習を。

おすすめスポーツ ①砲丸投げ

なぜ必要?

ピッチングと共通する
右ヒザの使い方、重心移動を学ぶ

投てき種目の基本的動作がすべて集約されていると言われる砲丸投げ。ポイントは短い時間、短い距離で、いかに素早く、効率よく重心移動するか。上半身と下半身を連動させ、重心を移動して生み出されたパワーを伝える砲丸投げは、ピッチングの基本と共通する。オールスター９連続奪三振や伝説の「21 球」で知られる江夏豊投手をはじめ、プロ野球でも中学、高校時代、陸上大会に駆り出され、砲丸投げの選手として活躍した経歴を持つ投手は多く、学ぶべきことは多いはずだ。

ここに注意!

≫ **ためた力を一気に爆発させ、砲丸に伝える右ヒザの使い方を覚える**

≫ **常に頭の位置を意識し、体全体の使い方をマスターする**

ワンポイントアドバイス

肩やヒジを使って投げない!

重い砲丸を投げるため、肩やヒジを壊さないかと心配する人も多いだろうが、砲丸投げでは肩やヒジは使わない。体重移動を利用して押し出すように重い砲丸を飛ばすので、野球にも活かせる重心移動を学ぶことができる。逆に言うと、ヒジや肩を使って投げると故障につながってしまうので、砲丸投げを練習に取り入れる際はしっかりとしたフォームで行うようにしよう。中学生あたりだと実際に砲丸を投げることができるチャンスはほとんどないが、テレビなどで観るだけでも大いに参考になる。

右ヒザをうまく
使って重心移動

肩やヒジは使って投げない

おすすめスポーツ ②ゴルフ

なぜ必要？

同じ動作をし続けることができる能力はピッチングにも必要

一打一打フォームが違ったり、タイミングや間合いがズレたりするような人はゴルフが上達しないし、投手にも向いていない。同じスイングを何度でも何度でもくり返しできるようにすることによって、肉体的な部分だけでなく、メンタル面も鍛えられる。また、自分始動という点でもゴルフとピッチングはよく似ている。野球界で野手よりも投手のほうがゴルフがうまい選手が多いと言われるゆえんだろう。

ここに注意！

- 毎回必ずフォームをチェックする
- 常に同じところをねらって打つ
- 飛距離を競わない
- どんなに小さなズレでも、すぐに矯正する

ワンポイントアドバイス

打ちっぱなしの練習場がベスト

コースを周るとなると、状況によって求められる距離が変わってくるため１本のクラブで打ち続けるわけにはいかない。その点、打ちっぱなしの練習場なら何時間でも同じ位置から、同じクラブで打ち続けることができるので、同じスイングを続けるという目標にとっては最適。目的がゴルフの上達ではなくピッチングにつなげることなので同じフォームで同じスイングをすることを意識してやろう。

同じフォームで
同じスイング
常に同じところを
ねらって打つ

おすすめスポーツ ③水泳

なぜ必要？

心肺機能を鍛え、肩まわりの筋肉を強化、柔軟性を高める

かつては、「肩を冷やすから」と投手には禁止とされてきた水泳。いまはそんな考え方をする指導者はなく、おおいに取り入れたい。水泳は全身運動であり、これほど心肺機能を高めることができるスポーツはない。しかも、プールにさえ行けば、手軽に、誰でもできる。毎回少しずつ距離を延ばしていけば、心肺機能は驚くほどアップする。また、泳ぐときには両肩を大きく回すため、肩まわりの柔軟性が高まるとともに、筋力を強化できるので、投手にはとくにおすすめだ。

ここに注意！

- 体全体をダイナミックに動かす
- クロール、平泳ぎ、背泳、バタフライなどいろいろな泳法をやる

ワンポイントアドバイス

下半身を使わないなど制限を設けて泳ぐ

心肺機能を高めるために時間をかけて長い距離を泳ぐことは大事。同時にさまざまな泳法を取り入れることで異なる筋肉を使うことができる。そしてもうひとつ取り入れてほしいのが、制限を設けて泳ぐこと。スイミングコーチと相談しながら、両足でビート板を挟んで下半身を使わずに泳ぐなど制限をかけると、上半身、とくに肩まわりの強化となる。こうしたアレンジを加えながら水泳練習も行ってみよう。

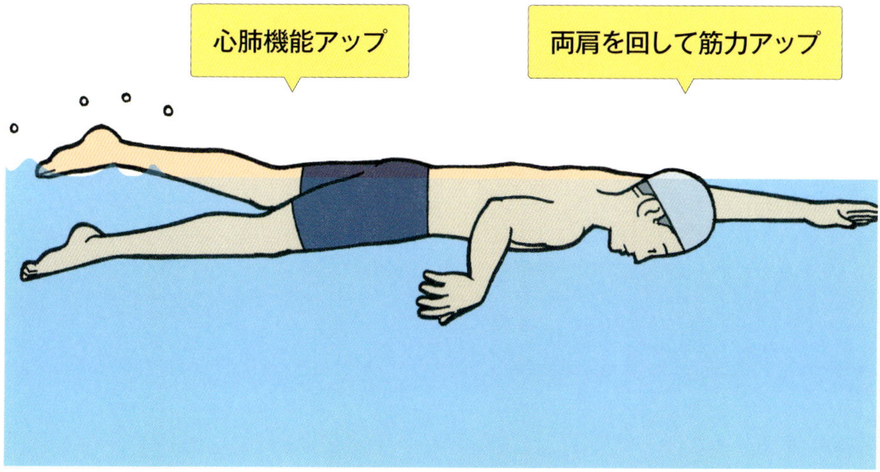
心肺機能アップ
両肩を回して筋力アップ

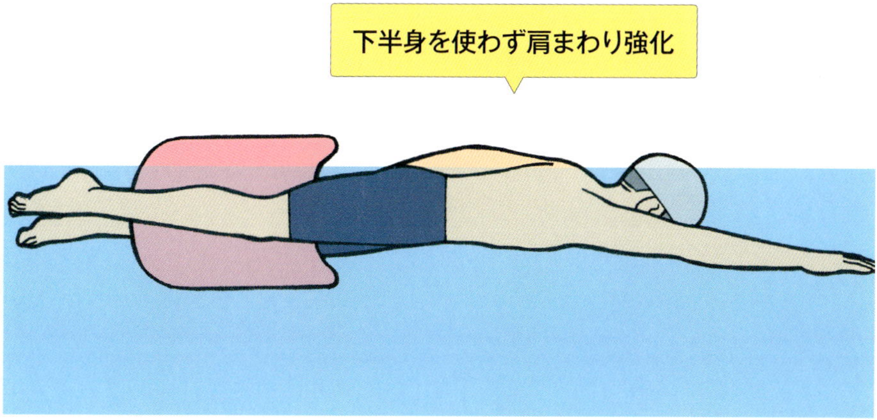
下半身を使わず肩まわり強化

おすすめスポーツ ④バドミントン

なぜ必要？

ピッチングにおける上半身の使い方を確認し、体に覚えさせる

ピッチングの際の重心移動、テイクバックからボールをリリースするフィニッシュまでの腕、とくにヒジの使い方などはバドミントンと共通する点がとても多い。シャトルを使わずに、ひとりでスイングの練習をするだけでもいいだろう。また、バドミントンの練習や試合における前後左右への動きはフットワークを磨き、体力、持久力をつけるにも最適だ。

ここに注意!

- 軸足への重心移動を意識する
- シャトルを打つ際にヒジが下がらないように
- シャトルを打つときだけ一瞬力を入れる
- ラケットを握っている手首をしなやかに返す

Arrange

テニス、バレーボールのサーブやアタックも!

ボールを投げるときの肩のナチュラルな位置のことをゼロポジションと言う。これは一番自然なポジションだから一番自然に力を発揮できるポジションだ。ボールを投げるときだけでなく、バレーボールのアタックやテニスのサーブなども同様で、上から腕を振るときはゼロポジションであることが望ましい。腕を大きく使う投手にとっては、バレーのアタックやサーブ、テニスのサーブなども同じ動きになるので、練習に取り入れてみるのもいい。

おすすめスポーツ ⑤相撲

なぜ必要？

四股を踏んで下半身を鍛え、股割りで柔軟に

相撲でもっとも基本的な稽古といえば、四股。力士の強靭な下半身は四股でつくられると言っても過言ではない。股割りは足や腰を柔軟にし、ヒザ関節や股関節を矯正すると同時に下半身のケガの防止に役立つ。四股はグラウンドの土の上で、できれば裸足で大地に根を張るようなイメージで行うといいだろう。

四股

▼ やり方

1. 両足を開き、つま先を外に向けて腰を落とす。上半身は最後まで胸を張った姿勢で
2. 重心を片方の足に移動する
3. もう一方の足をヒザが一直線になるように横に伸ばしながら、できるだけ高く上げる。足を跳ね上げたり、軸足にすり寄せたりしてはいけない
4. 上げた足をつま先から土にめりこますように下ろす

ここに注意!

» 四股はゆっくり、一つひとつ動作を確認しながら行う

» 股割りは無理せず、少しずつ柔軟性を高めていくように

股割り

▼ やり方

1 両足を左右に大きく開く
2 そのまま腰を地面につける。体の硬い者は足が前へ出やすいが、開いた両足が一直線になるように

理想は両足が一直線。足腰を柔らかく

CONCLUSION

おわりに

自信は最大の武器になる。
不器用も一つの個性。
個性を伸ばしてよりよい投手に

　野球の勝ち負けは、８割がピッチャーで決まると言われています。試合においてピッチャーがゲームに占める割合はそれだけ大きなものですが、指導者の立場からして、もっと大きく、チームづくりの原点です。誰をピッチャーにするか選んで、試合で投げられるように育てて、勝てるように鍛える。それが野球をやる前提条件です。

　ピッチャーを志す者は「自分が勝敗のカギを握っているんだ」という自覚と責任を持って練習してください。そして、どんな困難にぶつかっても絶対に“諦めない心”を持ってください。

　150キロを超すようなスピードボールや抜群のコントロール、キレ味鋭

く大きく曲がる変化球はもちろん、荒れ球でもピッチャーの武器になります。空威張りでも、気合だけでも、敵を打ち取ることができます。背が高く、上から角度のあるボールを投げられればいいですが、背の低いピッチャーだって伸びのあるボールは打ちにくい。もっと言えば、不器用だっていいんです。

競技歴が浅い段階では、器用な選手がもてはやされます。しかし、器用になんでもこなせるとすぐに忘れてしまいます。逆に、不器用な選手はなんでもできるようになるまでには時間がかかりますが、一度できれば確実にモノにします。不器用の中にも、ピッチャーとしての武器があるのです。

クラスに50人の学生がいたら、学業成績は１番から50番まで順位がつけられます。でも、ピッチャーは違います。あのピッチャーもいい、このピッチャーもいい。全員がいい。それぞれが武器としている特徴が試合で活かされる。それがピッチャーです。

本書では威力のあるボールが投げられ体を壊さない、理にかなった“正しい”フォームを身につける方法を詳しく解説してきました。ところが、正しいフォームになればなるほど打ちやすくなります。オーソドックスなフォームだと、平凡なピッチャーになってしまいます。矛盾していますが、人生とは矛盾の連続です。

大切なことは、練習していくなかでいかに自分の特徴を見出していくか。さらに、その特徴を伸ばし、欠点を修正して、自信につなげていけるか。ピッチャーならばその積み重ねをしていく努力を片時も怠らないでください。

自信は野球に限らず、あらゆる競技で選手にとって最大の武器となります。自信があれば、少々へたくそでも、体がへばっていても、いい選手に見えます。どんなピンチに立たされても、自信満々、ポーカーフェイスで、闘争心を内に秘めてバッターに向かっていってください。そんなピッチャーになれたら、バッターは勝負する前から「コイツは打てないな」とビビることでしょう。

注意してほしいのは、ひとりよがりの自信ではダメだということ。自分の特徴をキャッチャーをはじめとするチームメイト、監督、ピッチングコーチに理解してもらい、周りから評価されてはじめて自信になるということです。

チーム全員から信頼され、反対にチーム全員に常に感謝し、誰にでも気を配り、思いやりを持てるピッチャーになってください。

最後に、少年野球や中学・高校・大学などの指導者の方へ。

ピッチャーとしての素質を持った子、ピッチャーをやらせようと思える子は“球界の宝”です。人を育てるには時間がかかり、辛抱が必要です。ピッチャーを目指す子はガキ大将ばかり。ときには、人間として間違ったこともするでしょう。偉そうな態度をしたり、先輩やお世話になっている人に生意気なことを言ったり。そんなときは遠慮したり気をつかったりせず、厳しく指導するべきです。甘やかしてはいけません。ただ、どうか個性は打ち消さないでください。

その子の成長を願い、温かい目で見守り、次のステージでも活躍できるように送り出してあげれば、野球界はますます発展していくことでしょう。

JR東日本野球部監督
堀井哲也

著者 堀井 哲也 ほりい・てつや

JR東日本野球部監督。1962年1月31日、静岡県生まれ。静岡県立韮山高、慶應義塾大卒業後、1984～87年三菱自動車川崎で右投左打の外野手として活躍。引退後、同社でマネジャー、コーチを務め、1993～2004年は三菱自動車岡崎でコーチ、監督を歴任。チームを都市対抗、日本選手権の常連へと押し上げ、山口和男（元オリックス）、福川将和（元東京ヤクルト）らを育てる。2005年からJR東日本監督に就任。都市対抗で2006年にベスト4、2007年には準優勝と着実に成績を上げ、2011年には初の優勝にチームを導いた。同時に寺内崇幸（巨人）、十亀剣（埼玉西武）や田中広輔（広島）など、プロ野球選手を数多く輩出している。

協力 山本浩司 やまもと・こうじ

JR東日本野球部投手コーチ、総務部勤労課所属。1979年4月3日、愛知県生まれ。愛知県立大府高から亜細亜大へ進学。3年時に全日本選手権出場、4年時に春秋通算7勝をマーク。2002年、JR東日本入社。1年目から投手陣を支え、5年目以降はエースとして活躍。2002年、釜山アジア競技大会日本代表。

協力 関谷亮太 せきや・りょうた

JR東日本野球部所属、事業部企画課。1991年5月10日、神奈川県生まれ。180cm82kg。右投右打、投手。日大三高で3年時、甲子園出場。明治大では10勝6敗。日米大学野球MVP獲得。ノーワインドアップから投げ下ろす最速148キロの直球とチェンジアップを武器に、入社1年目からエースに君臨。

協力チーム JR東日本野球部

鉄道省時代の1920年、「東京鉄道局野球部」として創部。1950年の国鉄（日本国有鉄道）地方組織改正に伴い、「東京鉄道管理局野球部」に改称。さらに、1987年の民営化により「JR東日本野球部」と改称、東北ブロックは分割され「JR東日本東北野球部」となる。2005年、堀井哲也監督就任以降、都市対抗野球大会決勝戦に4回出場。2011年、第82回都市対抗野球大会では同じく東京都を本拠地とするNTT東日本を破り、悲願の初優勝を遂げた。都市対抗野球大会14回出場、日本選手権7回出場。本拠地／東京都。練習グラウンド・合宿所／千葉県柏市。

JR東日本野球部 沿革

1987(昭和62)年	JR東日本野球部発足
1990(平成2)年	都市対抗戦／ベスト8・小野賞　応援団／最優秀賞・後期トップ賞
1991(平成3)年	新習志野野球場・合宿所完成
1996(平成8)年	JABA大会／高砂大会優勝、東京スポニチ大会準優勝
1998(平成10)年	JABA大会／九州大会優勝
1999(平成11)年	都市対抗戦／1回戦　応援団／後期トップ賞
2000(平成12)年	ドラフト選手／赤星憲広(阪神)
2001(平成13)年	都市対抗戦／1回戦　日本選手権／1回戦(初出場)　JABA大会／東京スポニチ大会優勝 ドラフト選手／萩原多賀彦(ヤクルト)・五十嵐貴章(ヤクルト)・石川雅実(巨人) 応援団／後期トップ賞
2002(平成14)年	JABA大会／九州大会優勝
2003(平成15)年	都市対抗戦／2回戦　応援団／優秀賞・後期敢闘賞
2004(平成16)年	ドラフト選手／工藤隆人(北海道日本ハム)・小山良男(中日)
2005(平成17)年	都市対抗戦／2回戦　JABA大会／東京スポニチ大会優勝 ドラフト選手／松井光介(東京ヤクルト)　応援団／前期敢闘賞
2006(平成18)年	都市対抗戦／ベスト4　JABA大会／富山大会優勝 ドラフト選手／寺内崇幸(巨人)・鈴木誠(巨人)　応援団／最優勝賞・前期優秀賞
2007(平成19)年	都市対抗戦／準優勝　日本選手権／ベスト8　JABA大会／京都大会優勝 ドラフト選手／小林太志(横浜)・中尾敏浩(東京ヤクルト) 応援団／最優秀賞・前期優秀賞
2008(平成20)年	都市対抗戦／2回戦　日本選手権／ベスト8 JABA大会／富山大会優勝、東京スポニチ大会準優勝　ドラフト選手／小杉陽太(横浜) 応援団／特別賞
2009(平成21)年	柏野球場・合宿所完成　日本選手権／1回戦　JABA大会／静岡大会優勝
2010(平成22)年	都市対抗戦／2回戦　応援団／前期敢闘賞
2011(平成23)年	都市対抗戦／優勝 ドラフト選手／十亀剣(埼玉西武)・縞田拓弥(オリックス)・川端崇義(オリックス)
2012(平成24)年	都市対抗戦／準優勝　日本選手権／準優勝　JABA大会／北海道大会優勝 ドラフト選手／戸田亮(オリックス)　応援団／1stトップ賞・最優秀賞
2013(平成25)年	都市対抗戦／準優勝　日本選手権／2回戦　JABA大会／四国大会優勝、岡山大会優勝 ドラフト選手／吉田一将(オリックス)・阿知羅拓馬(中日)・田中広輔(広島) 応援団／最優秀賞
2014(平成26)年	都市対抗戦／ベスト8　日本選手権／ベスト8 JABA大会／日立市長杯優勝、岡山大会準優勝 ドラフト選手／飯田哲矢(広島)・坂寄晴一(オリックス)・西野真弘(オリックス) 応援団／1st優秀賞・敢闘賞
2015(平成27)年	都市対抗戦／1回戦

JR東日本野球部

◆存在意義

野球を通じて、JR 東日本グループの社員とご家族、
又地域の方々と一体となり、感動を分かち合う

◆目標

都市対抗野球大会優勝

◆部訓

1. 鉄道魂を身につけ、社員の範となる
2. スポーツマンシップを貫き、野球道を追求する
3. 全知全能を尽くし、勝負に徹する

◆スローガン

Do your best for the team !

デザイン／有限会社ライトハウス
黄川田洋志、井上菜奈美、田中ひさえ、
今泉明香、藤本麻衣、
写　真／桜井ひとし
編　集／宮﨑俊哉、佐久間一彦（ライトハウス）

差《さ》がつく練習法《れんしゅうほう》

野球《やきゅう》　勝《か》てる投手《とうしゅ》になるドリル

2015年10月20日　第1版第1刷発行

著　　者／堀井哲也《ほりいてつや》

発 行 人／池田哲雄
発 行 所／株式会社ベースボール・マガジン社
〒101-8381
東京都千代田区三崎町3-10-10
電話　03-3238-0181（販売部）
025-780-1238（出版部）
振替口座　00180-6-46620
http://www.sportsclick.jp/
印刷・製本／広研印刷株式会社

Printed in Japan
ISBN978-4-583-10840-7 C2075